中公新書 2454

山崎史郎著

人口減少と社会保障

孤立と縮小を乗り越える

中央公論新社刊

はじめに

今、日本の社会保障は、大きな転換期を迎えている。

なぜならば、これまで日本の社会保障が前提としてきた社会が、大きく変わろうとしているからである。その変化は、一様ではないし、単純でもない。しかし、確実である。

第一の波は、「家族」の変化である。

第二の波は、「雇用システム」の変化である。

そして、第三の波がやってきている。これが決定的となるであろう、「人口減少」の到来である。

2016年10月、平成27年（2015年）国勢調査の結果が公表された。ほぼ100年前の1920年（大正9年）から開始された国勢調査において、初めて人口減少が記録された。100年前と言えば、我が国最初の社会保障制度とされる健康保険法が公布された時期（1922年）にあたる。人口は、社会保障を設計し運営していく上で基本となるが、日本の社会保障は、創設以来一貫して「人口増加」の下で形作られてきたと言える。

少子化や高齢化は、今に始まったことではない。数十年前から指摘されてきたことである。だが、「人口減少」をその延長線上で捉えると本質を見失うことになる。これまでの少子高齢化は、「人口構成の変化」という点で、もっぱら社会ニーズに関わる課題として受け止められてきた。増える高齢者に対してどのような施設やサービスが必要か、子育て支援のニーズにどう対応するかなどである。そして、人口が増加し続け、経済規模が拡大し続ける中で、社会保障は、増大する社会ニーズに対して、いかに給付やサービスを公平、公正に提供していくかということが追求されてきた。

その日本が、人口減少時代に突入する。今後は「人口規模の縮小」という新たな段階を迎えることとなる。これは、社会ニーズの変化にとどまらず、社会保障における支え合いの構造が変化し、その基盤となってきた社会資源が、今後加速度的に縮小していくことを意味している。遠い昔は別として、日本に近代国家が成立して以来、初めて経験することである。当然ながら、社会保障が大きな影響を受けないはずがない。

人口減少は、突然に単独で発生したわけではない。実は、日本の家族と雇用システムの変化が大きく関わっており、そうした変化の行き着く先として生じた社会事象である。そして、社会保障に与える影響も、それぞれの変化によって異なってくる。社会保障をめぐる変化と言っても、それぞれをただ並列的に考えて対処するのでは、今後の展望は見えてこない。また、現代の社会保障は、医療、介護、年金、子育て、社会福祉など実に幅広い分野を対象としている。それぞれの制度が抱える課題は多く、かつ専門的である。これらの個別の課題については、様々な提言や改革案が出されているが、そうした個別の課題や動きを追いかけているだけでは、各論の「迷路」に入り込み、社会保障の全体像を見失いかねない。まさに、木を見て森を見ないこととなる。

そうした観点から、本書は、日本の家族や雇用システムの変化、人口減少の到来という大きな社会変化が進行している状況を明らかにした上で、人口減少時代において、今後社会保障が目指すべき基本方向について考えるものである。その点では、一つの分野や課題を専門的に深く掘り下げようとする研究書ではないし、ましてや、個別の社会保障制度を解説するものでもない。あくまでも論点は、社会保障の基本構造に関わるテーマに絞っている。日本社会に変化をもたらしている三つの大きな波を乗り越えるためには、社会保障の基本構造に立ち返った理解が、今、最も求められていると考えるからである。

筆者は、38年間の公務員生活を経て、2016年6月に退官した。その間、厚生労働省（旧厚生省）において1994年から2006年までの十数年間の大半を介護保険の立案と施行に費やし、その後、内閣府や内閣官房において若者雇用対策や社会保障・税一体改革に関わった後、２０１１年に厚生労働省社会・援護局長として、生活困窮者自立支援制度の素案づくりに携わった。その後、少子化対策などの担当を経て、２０１５年から内閣官房まち・ひと・しごと創生本部事務局地方創生総括官を務め、地方の人口減少対策を中心とする地方創生に取り組んだ。本書に書かれている内容は、こうした政策・制度の立案や現場における経験に基づいた、実務家としての見解である。

人口減少と社会保障　目次

第5章 人口減少に適応する

人口減少と社会保障

孤立と縮小を乗り越える

序章　社会が変われば社会保障も変わる

社会保障の４分野

社会保障とは何か。

社会保障の定義は様々あるが、最も基本となるのは、社会保障制度審議会（以下「制度審」）が、戦後の社会保障の基本理念を示した１９５０年「社会保障制度に関する勧告」である。そこでは、次のように定義されている。

「いわゆる社会保障制度とは、疾病、負傷、分娩、廃疾、死亡、老齢、失業、多子その他困窮の原因に対し、保険的方法又は直接公の負担において経済保障の途を講じ、生活困窮に陥った者に対しては、国家扶助によって最低限度の生活を保障するとともに、公衆衛生及び社会福祉の向上を図り、もってすべての国民が文化的社会の成員たるに値する生活を営むことができるようにすることをいうのである」

少し分かりづらいかも知れないが、この勧告を踏まえ、社会保障は、社会保険、公的扶助、公衆衛生、社会福祉の4分野とすることが一般的である。

「社会保険」とは、勧告が述べた保険的方法による保障の仕組みである。現在の公的な医療保険や年金、さらに介護保険や雇用保険などがあたり、日本の社会保障において中核的な存在とされている。

これに対して、「公的扶助」は、国家扶助による最低限の生活保障、すなわち生活保護である。「公衆衛生」は、保健所などが行う健康づくりや地域保健活動、さらには食品・医薬品分野などである。ちょっと異質に感じるかも知れないが、かつては国民の栄養改善や結核対策などが最重要課題とされていた。そして、「社会福祉」は、子育て支援などの児童福祉や障害者福祉などの分野である。これらの分野は、社会保険とは異なり、国や地方公共団体の税収入を財源としている。

社会と社会保障――家族、雇用、地域

日本が社会保障を作り上げてきた経緯は後ほど紹介するが、ここで強調しておきたいのは、

今後の展望を考える上では、社会保障の範囲や内容をあまり固定的に考えないことである。それは、社会保障は、社会の中で決して単独に存立しているわけではないからである。

現在及び将来、国民が安心して暮らしていくために、社会保障に期待される役割は社会の変化とともに変わってくる。社会保障を「需要（社会ニーズ）」と「供給（給付・サービス）」の二つの観点から考えてみよう。前者の需要サイドから見ると、社会保障が求められているのは、疾病や負傷、老齢など先ほどの制度審勧告が掲げた「困窮の原因」、すなわち国民の様々なリスクに対応することである。この観点からこれまで医療保険や年金などの仕組みが制度化されてきたが、こうした社会ニーズの内容や重要度も、国民生活の形態や水準などの変化に伴い変わっていく。例えば、家族の変化があげられる。三世代同居が大半であった時代には、家族内で助け合うことによって対応されてきたことが、今日のように単独世帯が4分の1を占めるような時代では、社会保障で対応すべき課題として表面化してくる。家族介護が限界となったことから導入された介護保険は、その一例である。後者の供給サイドにおいても、社会保障が提供する給付やサービスの内容は、活用できる社会資源の状況によって変化し、それは社会経済動向や技術進歩の影響を強く受ける。

ただし、社会保障は、社会の変化から一方的に影響を受けるだけの存在ではない。社会保障そのものが、社会のあり様に対して大きな影響を与える。つまり、社会と社会保障は、

「双方向」で影響し合う関係にあると言える。この点で、特に日本の社会保障が深く関わり相互に影響し合っているのが、「家族」と「雇用（職場）」と「地域」である。「家族」は社会保障との間で機能を分担し合う関係にあり、「雇用」は安定的な生活基盤の形成や職場とのつながりを通じて、社会保障と密接な関係を有している。そして、「地域」は社会保障を運営し、サービスを提供する存在として機能している。

したがって、社会保障が前提とする社会の構造が大きく変われば、社会保障も大きく転換せざるを得ないし、他方、社会保障が変われば、社会の方にも変化が生じる。このことが、社会保障をめぐる論議を複雑なものとしている。社会保障の制度論のみに目を奪われていると、社会の実態は見えてこないし、逆に、社会の変化を追いかけているだけでは、社会保障の政策論にたどり着かない。

しかも、社会が変化する中で、狭い意味の社会保障だけでは十分に対応できない課題が多くなっている。社会保障に密接に関連する分野としては、雇用や住宅などがあるが、これらの分野の取り組みについても、広い意味で社会保障の一環として捉えることが適当な場合がある。特に今日のような転換期には、社会保障の外縁を柔軟に考える必要がある。様々な社会経済システムとの関わりがあってこそ、社会保障は機能を十分に発揮できる。

本書の構成

本書は、このような基本認識のもとで、日本社会の変化とその中で社会保障が目指すべき基本方向について考えるものである。本書の構成は、図０－１のとおりである。

第１章は「変容する日本社会」を、第２章は「日本の社会保障の光と影」を取り上げる。この二つの章では、議論の前提として、日本社会に起きている変化と日本の社会保障の基本構造を明らかにしたい。第１章では、家族の変化、雇用システムの変化、そして人口減少の三つの社会変化が相互に関連し合いながら進行していった姿を紹介する。１９８０年代以降進行してきた「家族の変化」は、単身者など生活上のリスクを抱える多くの人々を生み、さらに、１９９０年代後半から深刻化した「雇用システムの変化」は、企業が従業員の生活全般を支えるという「日本型雇用慣行」を変え、職場から生活保障が受けられない非正規雇用を増加させた。そして、これらに伴う生活基盤の不安定化が、就職、結婚、出産の時期にあった若い世代に大きな影響を与え、未婚率の上昇という形で「晩婚化」、さらには「非婚化」という現象をもたらした。その結果、出生率が過去最低にまで落ち込み、期待された「第三次ベビーブーム世代」の到来が見込めなくなる中で、日本は人口減少時代に突入していったのである。

第２章は、社会保障の基本構造についてである。日本の社会保障は、「自立」と「社会連

図０－１　社会保障の転換の全体像

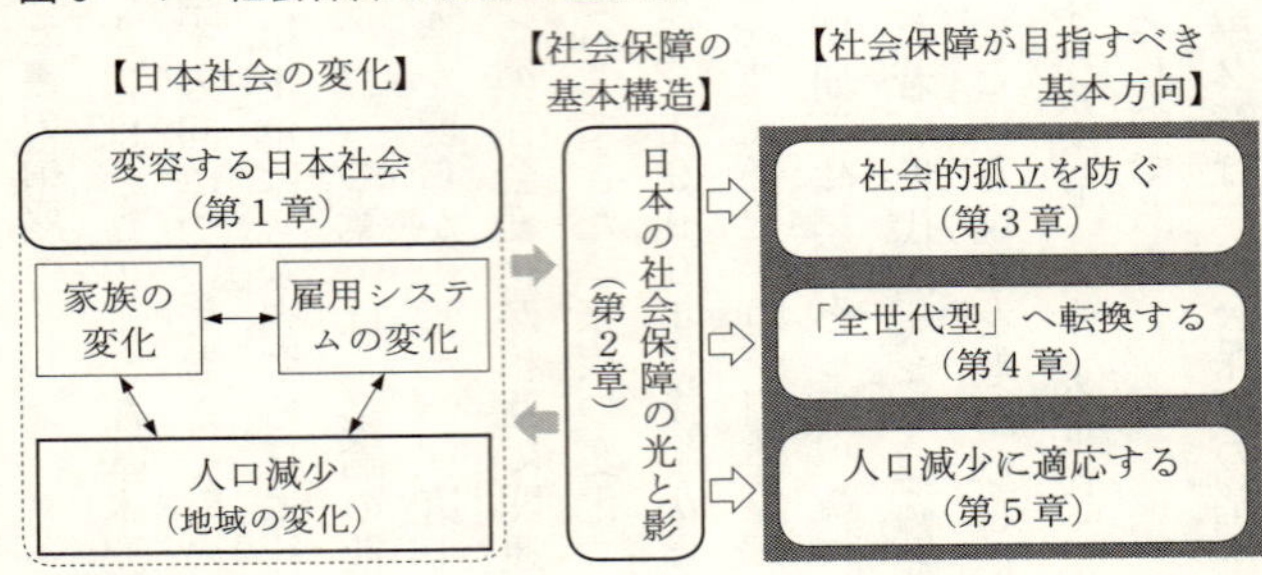

（資料）筆者作成

帯」を基本理念としてきた。その下で、社会保険方式を中心とし、個々のリスクに個別に対処する制度体系を「縦糸」とすると、国民皆保険・皆年金の二元的構造（被用者とそれ以外を区分する構造）を「横糸」とする基本構造が築かれてきた。このことは、社会保険方式の特性である「負担と給付の関係性」をテコにサービス拡大をもたらし、国民生活の安定に大きな成果をあげてきた。しかし、一方で、日本の社会保障は様々な限界を抱えており、それゆえに、社会が大きく変化する中で基本構造に関わる課題が生じている。それは、制度体系や社会保障費用の支え合い構造をめぐる課題である。

第３章から第５章においては、今後、日本の社会保障が目指すべき基本方向を論じる。

第３章は、第１章で述べた社会の変化の中で、周囲に心身の支えとなるような家族も同僚も友人も少なく、社会的孤立のリスクを抱えた人が増加している状況を取り上げる。

これは、一言で言うならば、人と人の「つながり」という、社会の最も基盤となる部分が弱体化してきているということである。このままいくと、「排除」が「孤立」を生み、それが「分断」を招き、最後は「社会の解体」に結び付くおそれすらある。

こうした負の連鎖を食い止め、社会連帯を強めるためには、個別リスクの保障だけではなく、「つながり」そのものを強めていくことが、社会保障の重要な課題となってくる。

第4章は、「全世代型」の社会保障への転換がテーマである。これは、人口減少への対応として、適切な政策的な支援がなされるならば、出生率は回復し得るという基本認識がベースとなっている。このことを裏付けているのは、仕事と子育ての両立支援施策などを充実強化してきたフランスやスウェーデンが、出生率を回復させた実例である。この子育て支援の分野において、日本は大きく立ち遅れている。これまで高齢期への支援が中心だった社会保障を、「全世代型」へ転換していくことが目指すべき基本方向となる。

第5章は、「人口減少に適応する」ことである。仮に出生率が回復しても、相当の期間、相当な規模での人口減少はどうしても避けられない。このため、これまで人口や社会ニーズが増大することを前提に形作られてきた社会保障は、大きな転換が必要となる。

中心的な課題は、これまで社会保障を支えてきた「人材」「すまい」「地域組織」といった社会資源への対応である。社会資源が豊富に存在していた人口増加時代は過去のものとなる。

社会ニーズの方は、これからも当分の間は増大し続けるかも知れないが、社会保障を支える社会資源の方は、人口減少によってすでに縮小が始まっており、今後さらに縮小し、衰退しかねない。こうした環境変化に対応するためには、今後、「効率化」と「多様化」の視点から社会保障を大きく転換する必要がある。

第1章　変容する日本社会

1　家族の変化

1995年という「到達点」

今から振り返ると、1995年は、日本の社会保障が一つの「到達点」に達した年だったのではないかと思う。

かつて、社会保障の研究者や関係行政官、与野党の政治家をメンバーとして設置されていた諮問機関に、制度審（社会保障制度審議会）がある。戦後、アメリカ社会保障制度調査団の勧告によって設置されたもので、政府の中でも特別の地位を占めていた。制度審は数次にわたって勧告や提言を行ったが、その中でも日本の社会保障史を画する二つの勧告がある。一つは、序章で紹介した1950年の勧告で、戦後の社会保障の基本理念と方向性を示したものである。そして、いま一つが、1995年に出された戦後50年間の社会保障の歩みを総括する勧告（「社会保障体制の再構築（勧告）」）である。

その95年勧告は、それまでの経緯を踏まえ、日本の社会保障を高く評価した。日本の社会保障は、先進諸国に比べ遜色のないものとなっているとした上で、「社会保障の大綱については国民の間に基本的な疑義はなく、むしろその適正な前進による福祉社会への安定的な展開こそ望まれている」と総括した。

それまで社会保障が果たしてきた役割を三つあげ、第一として、国民生活の全面にわたって安定をもたらしたこと、第二として、貧富の格差を縮小し、低所得層の生活水準を引き上げ安定させ、その結果、「今日、我が国は世界で最も所得格差の小さい国の一つとなっている」こと、第三として、社会保障は経済の安定的発展に寄与するところが少なくなかったことを強調した。

今読み返すと、隔世の感を覚えるのは筆者だけではないと思う。

表1－1を見ながら日本の社会保障の歩みをたどろう。社会保障に相当する制度は、第二次大戦前から始まっていたが、その後壊滅的な状況になり、戦後、社会保障を再建すること

表1-1　日本の社会保障の主な歩み

時代区分	主な社会情勢	社会保障関係の主な動向
戦前の政策の展開		1922年　健康保険法制定 1938年　国民健康保険法制定 1941年　労働者年金保険法制定（後に厚生年金保険法に改称）
戦後の社会保障の整備	1945年　終戦 1946年　日本国憲法公布 1952年　サンフランシスコ講和条約	1950年　社会保障制度審議会勧告、「社会保障制度に関する勧告」 1954年　厚生年金保険法制定
国民皆保険・皆年金の実現	1960年　国民所得倍増計画 1973年　第一次オイルショック	1961年　国民皆保険・皆年金の実施 1973年　福祉元年（老人医療費無料化、健康保険家族7割給付、5万円年金など）
安定成長下の制度見直し	1979年　第二次オイルショック	1982年　老人保健法制定（一部負担導入） 1984年　健康保険制度改正（本人9割給付） 1985年　年金制度改正（基礎年金導入）
少子高齢化への対応	1989年　消費税の創設 1991年　バブル経済崩壊 1995年　阪神・淡路大震災 1997年　金融機関等破綻	1989年　1.57ショック（合計特殊出生率） 1995年　社会保障制度審議会勧告、「社会保障体制の再構築（勧告）」 1997年　介護保険法制定 健康保険制度改正（本人8割給付） 2000年　介護保険制度の施行
社会保障制度の改革	2005年　合計特殊出生率1.26（過去最低） 2008年　リーマンショック 2011年　東日本大震災	2004年　年金制度改正（年金保険料水準固定、マクロ経済スライド） 2008年　後期高齢者医療制度の創設 2012年　社会保障・税一体改革関連法の成立

（資料）筆者作成

が、国民の生命と生活を守る上で最重要課題となった。１９４６年に公布された憲法は第25条において、国民が「健康で文化的な最低限度の生活を営む権利」を有し、そのために、国は「社会福祉、社会保障及び公衆衛生の向上及び増進に努めなければならない」と規定した。その基本理念の下で、新たな社会保障の構築が目指されたのである。

そして、幾多の困難を乗り越え、１９６１年に「国民皆保険・皆年金」を実現し、今日につながる社会保障の基本構造が形作られた。その下で、１９６０年代以降の高度成長を背景に、１９７３年には「福祉元年」と称して社会保障全般において大幅な給付改善が行われた。その後、オイルショックを契機に安定成長へ移行したことに伴い制度が見直されたが、１９９０年代に入ると、高齢化の進展を踏まえ介護保険の導入をはじめ高齢社会への対応が図られていった。

１９９５年と言えば、すでにバブル経済は破綻していたものの、日本の経済や国民生活は安定が続いており、生活保護の保護率が最も低い水準となったのもこの頃である。国家財政も一定の財政規律を堅持しつつ運営されており、社会保障に対する国民の信頼度は高かったと言える。

この時の制度審会長は隅谷三喜男（すみやみきお）氏であり、隅谷会長をはじめメンバーの中には、戦後の社会保障再建に深く関与してきた人も多く含まれていたので、幾多の困難を乗り越えながら、よくぞここまで築き上げてきた、という感慨があったかも知れない。

21世紀に向けた警告

その一方で、この95年勧告は、21世紀の到来を目前にして、注目すべき「警告」を発していた。制度審は、この6年後の2001年に、経済財政諮問会議の発足に伴い廃止されたため、実質的に最後のメッセージとなった。以下、原文である（傍線は筆者、以下同じ）。

「21世紀に向けて我が国が直面しているさらに基本的な問題に突き当たる。その一つは戦後における個人主義の進展である。個々人の人権が社会的に承認され、自主性が重んじられるようになり、性差別の撤廃が社会的に支持されるようになった。それは日本社会の進展として歓迎されるべきものである。社会保障の体系の中でも、この点は十分考慮されなければならない」

「しかし、我が国では、農村などにおける伝統的な家族制度と、その崩壊過程で戦前から形成されてきたより近代的な家族制度とが、重なり合いつつ解体に向かい、個人化の展開が急激であったこともあって、家族による支え合いが低下し、社会的にはしばしば他者との連関が生活の中から取り残されようとしている」

「個人化が進展すればするだけ、他方で社会的連関が問われ連帯関係が同時に形成されないと、社会は解体する。社会保障は、個々人を基底とすると同時に、個々人の社会的連帯によって成立するものであり、今後その役割はますます重要になるといわねばならない」

この「個人化」とは、個々人がつながりなく存在することである。この言葉自体は、中立的な響きを持っている。「個人化」を、束縛やしがらみからの「独立」であり、「自立」であると肯定的に考える見方もあれば、他者との関係性や支え合いが失われる「孤立」として、否定的に捉える見方もある。

この勧告は、両方の側面があることを認めつつ、「連帯関係が同時に形成されないと、社会は解体する」と強い危機感を表している。95年勧告が、このような危機感を抱くに至った背景の一つには、「同居率の低下」に代表されるような「家族の変化」があった。

「日本型福祉社会論」の破綻

当時、主要な課題として提起されていたのは、高齢者介護問題への対応である。この問題は、1970年代以降日本社会の大きな課題となっていたが、その時に台頭したのが「日本型福祉社会論」であった。

この考え方は、低成長へ移行する中で、高齢化に伴う福祉費用の増大を危惧する立場から出されたもので、高齢者福祉の充実を図っていた欧州諸国の福祉国家モデルを否定し、日本は家族による支えを主とする日本型福祉社会を目指すべきというものであった。高齢者介護が必要となっても、介護施設やホームヘルパーなどの公的サービスには頼らず、家族による介護で乗り切れるという主張で、その背景には、日本では高齢の親と家族の同居率が欧州諸国より高いことがあげられていた。それを踏まえ、１９７８年（昭和53年）版の厚生白書は、同居家族を「福祉における含み資産」として位置付け、さらに１９７９年5月に策定された「新経済社会7ヵ年計画」に日本型福祉社会論が盛り込まれることとなった。

ところが、国民の実態は、そうした政策論議とは大きく様相が異なっていた。寝たきりや認知症の高齢者が増大し、介護期間も長期化する中で、多くの家族は介護に疲れ切り、自力では要介護の高齢者を支え切れない状況となっていた。さらに、頼みの綱と言われた、親と子ども世代（既婚）の同居率も、国民生活基礎調査によると１９８０年には52・5％だったが、その後90年には41・9％、95年は35・5％、さらに２０１６年には11・4％と、急速に低下し続けた。日本型福祉社会論は、高齢化や家族形態の変化という現実の前に、実質的に破綻していったのである。

こうした実態を踏まえ、それまで家族が自力で行うことが当然とされた親の介護を社会全体で支えるために提案されたのが、介護保険であった。95年勧告は、まさに、介護保険の導入によって、高齢者やさらにはその家族が「社会的に取り残される」ことがないようにすべきだ、と勧告したのである。

高齢単身者、壮年未婚者、ひとり親世帯

家族は、社会の基礎的な構成単位である。家族が果たす機能は、家族の構成員の生活を維持し、保障するという生活保持機能が基本に置かれている。具体的には、家族のために生産活動に従事する生産・労働機能、家族が病気になった場合などに助け合う扶助機能や子どもを産み育てる養育教育機能、次の世代を担う者を育む再生産機能などである。家族には、愛情や安らぎの場を提供するという精神的機能も期待されている。

こうした家族が果たす機能は、家族形態や社会経済のあり方によって、大きく変わる。家族の機能の変化を端的に表す現象として、「世帯規模の縮小」がある。前述した同居率の低下もその一つであり、家族の構成員の数が少なくなればなるほど、家族同士が支え合う機能も低下していく。国民生活基礎調査によると、今から40年以上前の1975年当時は、「三世代以上世帯」が23・1%と4分の1近くを占めていたが、2015年には13・0%と10ポイント低下し、核家族の中核とされる「夫婦と未婚の子のみの世帯」も42・7%から29・

図１－１　世帯構成の推移

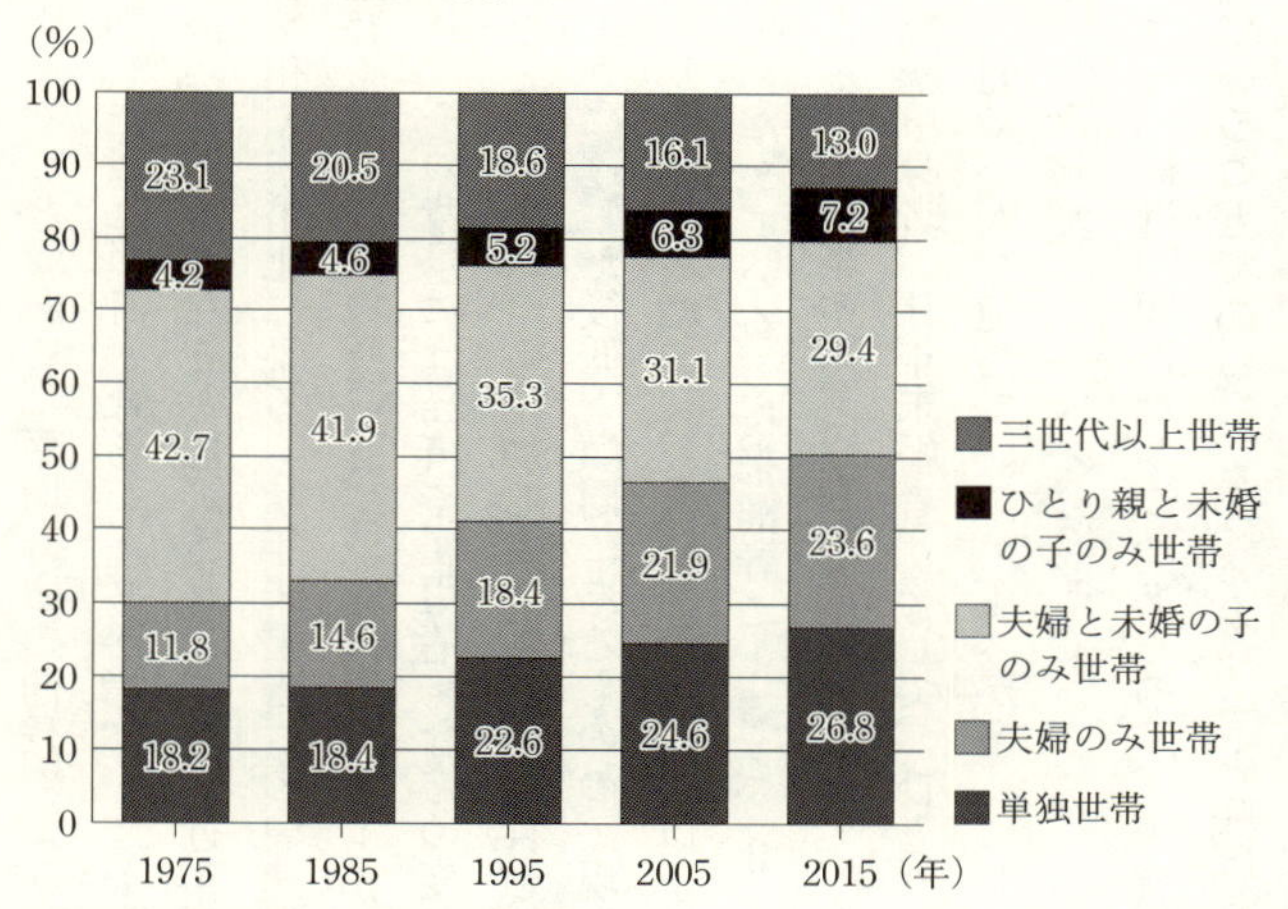

（資料）厚生労働省「国民生活基礎調査」
（注）「三世代以上世帯」は「三世代世帯」と「その他の世帯」の合計

４％へと低下している（図１－１）。

これに代わる形で増加したのが、「単独世帯」「夫婦のみ世帯」「ひとり親世帯」である。単独世帯は18・２％から26・８％へ、夫婦のみ世帯は11・８％から23・６％へ、ひとり親世帯は４・２％から７・２％へと増加している。日本の家族は「個人化」とともに、急速に「多様化」してきているとも言える。

さらに、国立社会保障・人口問題研究所（以下「社人研」）の「日本の世帯数の将来推計（２０１３年１月）」によると、２０３５年には、単独世帯は37・２％と、３世帯に１世帯の割合になると見込まれている。「単身化」と呼ばれる動きである。その要因の一つは、「高齢単身者」

が増えることである。平均寿命の伸長により、高齢者世帯数が増大するとともに、配偶者と死別した後に単身となるケースが増加しており、高齢単独世帯は2035年で15・4%、7世帯に1世帯になると推計されている。近年、これに加えて単身化の要因となっているのが、晩婚化や未婚化による「壮年未婚者」の急速な増加である。後ほど説明するが、この点は、生涯未婚率（50歳時点で一度も結婚したことがない人の割合）が著しく上昇したことに表れており、その背景には経済や雇用情勢などの変化がある。

「ひとり親世帯」も増加している。離婚件数は、1990年代に上昇し続け、2002年にピークに達した後低下傾向にあるものの、現在も年間22万組にのぼっている。離婚に伴い、ひとり親世帯が増加し、2011年には母子世帯は123・8万世帯、父子世帯は22・3万世帯となっている。将来推計によると、2035年には、ひとり親世帯は全体の11・4%（9世帯に1世帯の割合）となり、子どもがいる世帯の3分の1を占めると予測される。

高齢単身者、壮年未婚者、そして、ひとり親世帯は、所得や就労、さらに老後のすまいなどの面で不安を抱えているケースが多く、しかも家族による支え合いの機能が低いという点で、生活上大きなリスクを抱えている。

さらに最近問題となりつつあるのが、子育てと親の介護の両方のケアを同時に担う人が増えていることである。「ダブルケア」と呼ばれており、内閣府委託調査（2016年4月）によると、全国で約25万人にのぼると推計されている。この問題は、高齢化に伴う介護問題の深刻化、少子化による家族数の減少、晩婚・晩産化による子育て時期の後ろ倒しという、家族をめぐる三つの大きな変化が重なったことによって生じたものである。

このように１９８０年代以降、家族の「個人化」が急速に進んでいる状況を捉えて、従来は家族が担うと期待された機能を社会保障が補完していかないと、人々は「孤立」し、それがひいては「社会の解体」に結び付くのではないか。95年勧告が警告を発した背景には、そうした日本の家族の変化があった。

２　雇用システムの変化

１９９７年以降の「経済の変調」

その95年勧告から二十数年経ったが、その後、日本社会に起きたことは勧告の予想を超えるものであった。指摘されたとおり、「家族」の変化はさらに進行したが、実際にはそれまで安定的と考えられてきた「雇用システム」も大きく変わり、両者が重なり合う中で、社会全体が大きく変容していったのである。

１９９０年代以降の日本経済の動きを見てみよう。

1991年にバブル経済が崩壊し、景気は後退局面に入った。バブル期に大幅に上昇した不動産価格が下落に転ずるとともに、それまでの大型投資の反動もあって、金融業界や不動産業界などを中心に不良債権が大量に積み上がっていった。

その後小刻みな動きを見せていたが、1997年に入り事態は一気に悪化する。1997年夏に発生したアジア通貨危機などが重なり、1997年9月に山一證券が、1998年10月に日本長期信用銀行が破綻するなど、日本の金融システムが大きく揺らぐ事態となった。金融システム不安が増幅する中で、企業経営の悪化、雇用の縮小、消費の低迷、物価の持続的な下落など、日本経済全体が急激に変調をきたした。経済成長率（名目GDP成長率）で見ると、1998年、1999年にマイナス成長を記録し、その後弱い回復はあったものの、2001年から2003年までふたたびマイナス成長に落ち込むなど、デフレ経済が長期化していった。

当時は、バブル経済がもたらした、企業の「三つの過剰」が経済の足を引っ張っているとされた。「過剰債務」「過剰設備」「過剰雇用」である。

このうち「過剰債務」は、不良債権処理が進む中で解消が図られた。企業にとっての債務は、金融機関には債権となる。金融機関の健全性の回復のため、不良債権の処理が強力に進められたことに伴い、企業の債務残高は減少したが、その過程では、企業の経営破綻や大幅なリストラが発生した。「過剰設備」の解消は、新規投資の手控えや遊休・老朽設備の廃棄などによって進み、２００４年には調整が完了したとされている。

問題は、「過剰雇用」とされた雇用である。過剰雇用とされた状態も、２００４年末までには解消したとされているが、これをきっかけに高度成長期以来の「安定雇用」が大きく揺らいだ。この点は後述する。

三つの「過剰」の解消が図られたことにより、企業収益は改善した。円安と世界的な景気回復による輸出の拡大を起点として、経済は一応の持ち直しが図られたが、２００７年後半になると、世界の経済・金融市場の影響で景気は後退局面に入った。そして、日本経済がふたたび危機に陥る事態となったのが、２００８年９月の「リーマンショック」である。アメリカ証券会社のリーマン・ブラザーズ破綻に端を発する国際金融市場の混乱は、実体経済にも大きな影響を与え、世界経済は激変した。この結果、２００８年10～12月期の実質ＧＤＰ成長率は前期比マイナス２・２％、２００９年１～３月期もマイナス４・８％と大幅な減少となった。

その後、日本経済は、相次ぐ経済対策の実施や外需などによって２００９年春頃から持ち直し、東日本大震災による一時的な落ち込みを乗り越えて、２０１２年末以降ようやく景気回復へと向かった。

１９９７年以来、15年間にわたる経済の低迷であった。

長引く雇用情勢の悪化

こうした経済情勢の変化に最も大きな影響を受けたのは、「雇用」であった。

１９９７年の経済危機を境に、雇用情勢は急激に悪化し、完全失業率（季節調整値）は、２００１年６月に５・０％を超え、２００２年６月、８月及び２００３年４月に過去最悪の５・５％を記録した。この間、前述したように過剰雇用の解消が進められ、非自発的な離職者が急増した。２００３年以降企業の経常収益は改善していったが、これは人件費削減が大きく寄与したとされている。

こうした雇用情勢の悪化が最も強く表れたのが、新卒者をはじめとする若年層である。この時期は「就職氷河期（または超就職氷河期）」と呼ばれ、新卒者の就職率は、高専卒を別とすると、１９９８年３月をピークとして、２００３年３月卒業者まで低水準で推移した。20歳から24歳の若年層の失業率は、１９８５年は４・１％だったのが、１９９８年は７・１％、２００１年は９・０％、２００３年には９・８％と急激に悪化した。

失業率は、その後の景気の回帰に伴い徐々に低下したが、２００８年に入りふたたび上昇し始めた。そして、２００８年９月のリーマンショックによって急激に悪化し、２００９年

7月に再度５・５％を記録した。新卒者は就職難となり、採用内定が取り消されるケースが発生し、15〜24歳の失業率が急上昇するとともに、25〜34歳の失業率も高い水準となり、大きな社会問題となった。

その後、景気の持ち直しに伴い失業率は低下し、東日本大震災の影響による足踏みがあったものの、２０１１年後半以降は４％台で推移した後、直近の２０１６年では３・１％にまで改善した。

非正規雇用の急増

このようにして失業率は、約20年もの長い期間をかけて、１９９７年の経済危機以前の水準に戻っていったが、その間に「雇用システム」は、大きく変質していた。最も大きく変わったのは、派遣社員やパート、アルバイトなどの「非正規雇用」が大きな割合を占めるようになったことである。このことについては、経済危機以前にあった、日本の雇用システムの見直しを求める動きから説明する必要がある。

前述したように１９９５年に制度審は「今日、我が国は世界で最も所得格差の小さい国の一つとなっている」と高く評価したが、奇しくも同じ年に日経連（当時）が発表したのが、「新時代の『日本的経営』」という報告書であった。この報告書は、日本の雇用構造の見直しを掲げ、具体策として、企業従業員を次の三つのグループに区分し、それぞれを組み合わせていくこと（「雇用ポートフォリオ」という）を提案していた。

①長期蓄積能力活用型（管理職・総合職等）：長期継続雇用で月給制・昇給あり
②高度専門能力活用型（企画・営業等専門部門）：有期雇用で年俸制・成果配分
③雇用柔軟型（一般職）：有期雇用で時間給

こうした提案がなされた背景には、当時の経済のグローバル化と円高の状況下で、人件費を抑制することが至上課題となっていたことがあるとされている。

この報告書が公表された後、労働分野における規制緩和が相次いで行われた。それまで労働者派遣法は、派遣労働を認める対象業務を厳しく限定してきたが、1996年に対象業種が26種に拡大され、1999年には原則自由化（禁止するものはネガティブリストとして提示）された。さらに、2003年には、製造業への労働者派遣の解禁や派遣期間の1年から最大3年への延長を内容とする法改正が行われた。

労働関係制度の見直しが進む中で、1997年の経済危機をきっかけとして、過剰雇用の解消のために正規雇用が減らされる一方で、非正規雇用は急激に増大していった。非正規雇用の総数は、1995年に1001万人であったのが、2005年には1634万人と600万人も増加した。しかも、非正規雇用の内容に大きな変化があったことに注意する必要がある。かつては、家計を助ける補助的労働としての主婦のパートタイマーや学生アルバイトが大半であったが、この時期には、就職難に悩む若者を中心とする派遣労働者が大きな割合を占め、主たる家計維持者であるケースも増えていった。

その後、景気が回復していく中で、失業率は低下したものの、非正規雇用の増大傾向は変わらなかった。人件費抑制傾向が強まり、正規雇用の採用が抑制される一方、非正規雇用は増加し、正規から非正規への代替が進行した。非正規雇用が、雇用調整の一時的な措置としてではなく、日本の産業の中で構造的に組み込まれていったことがうかがわれる。2008年のリーマンショックによって非正規雇用の解雇や雇止めが相次ぐ事態となったが、その後の景気回復に伴い、非正規雇用は増加していった。

図1−2は、非正規雇用の動きを年齢別に示したものである。2000年当時15〜34歳の若年層であった人々の動きを見てみると、451万人であった非正規雇用総数は、その後、年を経ても減少せず、2005年653万人、2010年657万人、2015年753万人と増加している。個々人の変動はあるとしても、全体として非正規雇用の総数は年々積み重なる形で推移していったことが分かる。その結果、2016年現在、非正規雇用総数は2

図1－2　非正規雇用の推移（年齢別）

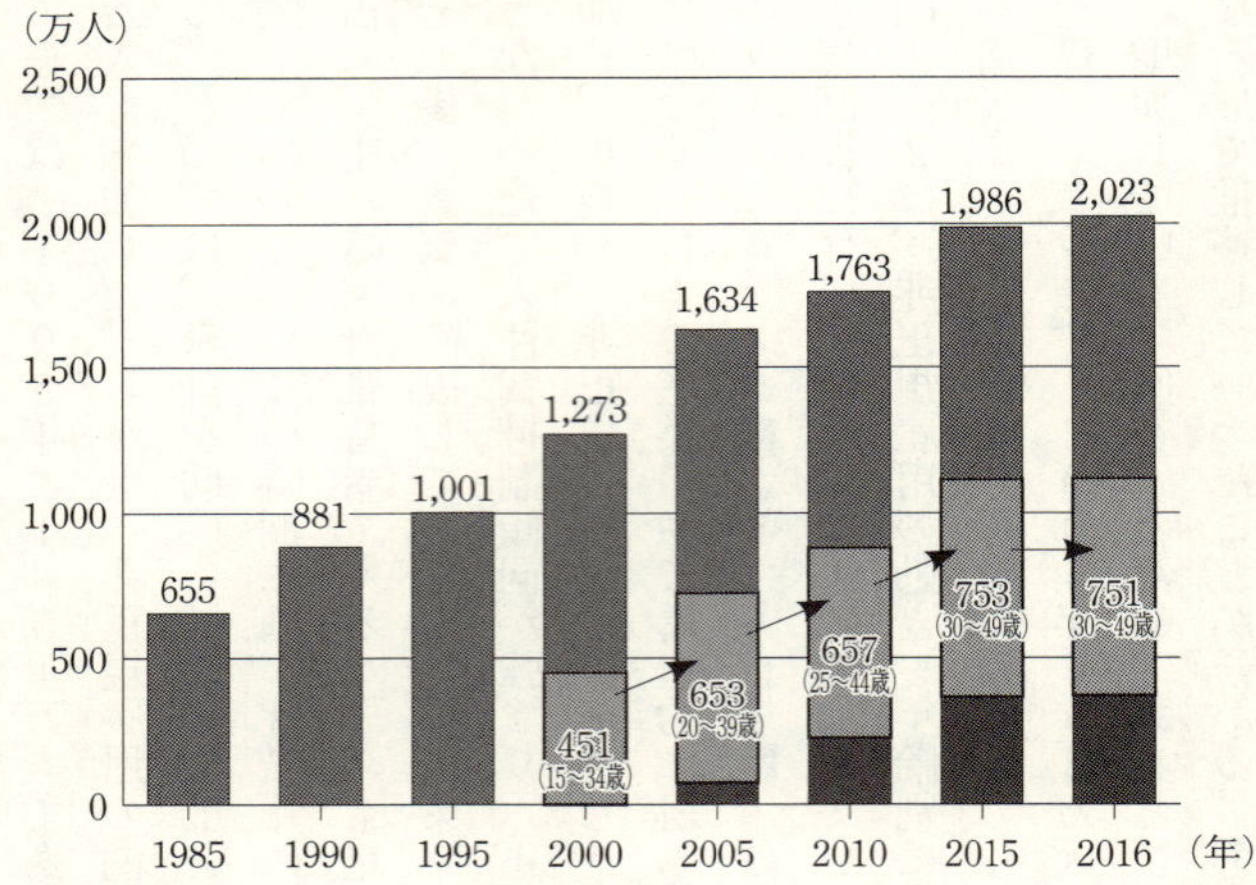

（資料）2000年までは「労働力調査特別調査」（2月調査）、2005年以降は「労働力調査」による。いずれも総務省統計局であり、長期時系列データ（詳細集計）の表9及び表10を用いている

023万人、雇用者全体の37・5％と3分の1を超える状況となっている。

非正規雇用の中には、自由に働けることなどから自ら希望して選択しているケースや、配偶者の被扶養者としてパート労働を希望しているケースがある。一方、本来は正規雇用を望んでいながら、やむなく非正規雇用を選択しているケースも多い。これを「不本意非正規」と呼んでいるが、その数は、リーマンショック後に急激に増大し、2016年平均で約297万人（非正規全体の15・6％）にのぼっている。

脆弱なセーフティネット

非正規雇用をめぐる問題の一つは、

社会保障によるセーフティネットが脆弱なことである。

第2章で詳しく述べるが、日本の社会保障は「雇用」と強く結び付きながら形作られてきた。基本的には、正規雇用として働いているのであれば、健康保険・厚生年金保険・雇用保険の三つがフルセットで適用される。一方、非正規雇用の場合は、同じ職場で働いているにもかかわらず、非被用者の扱いとなっているのが通例である。このため、配偶者の被扶養者としてパート労働をしているケースを除き、公的な医療保険は国民健康保険（以下「国保」）、年金は国民年金が適用され、雇用保険は適用外となる。同じ職場に働きながらも、非正規雇用の場合は、「職場」とのつながりを通じて、社会保険による生活の保障を受けることができない。

しかも、医療保険や年金がカバーされていない非加入の状態に陥るおそれが高い。国民皆保険・皆年金なのに、おかしいのではないかと思われるのは当然である。制度の上では、被用者を対象とした健康保険や厚生年金保険の適用を受けない人は、国保や国民年金が自動的に適用されるので、そうした「空白状態」が生じるはずはない。

しかし、非正規雇用や若年無業者は、しばしば雇用形態や勤務先企業、さらには住所が変わるケースが多い。そうした場合、そのたびに脱退と加入の手続きをとる必要が生じるが、手続きを忘れたり、さらには保険料を負担することを嫌って、手続きをしないケースがあるからである。

我が国の社会保障は、一つの企業に長い間、正規雇用として勤める場合には特段の支障はない。しかし、正規雇用とそれ以外の「二つの世界」を行ったり来たりするような人々にとっては、実に利用しづらい仕組みになっている。そして、この「制度間移動」の時に、まさに「無保険状態」が発生する危険性が高いのである。

そのことを表している分析結果がある。社人研が2007年に実施した「社会保障実態調査」の結果を踏まえた小塩隆士（おしおたかし）氏の分析である。それによると、転職を繰り返すほど社会保険の非加入となっている可能性が高い実態として、年金の場合は転職回数が3回、4回以上となると、転職0回に比べて非加入になる度合い（オッズ比）がそれぞれ1・31倍、1・76倍になるという結果が出ている。医療保険の場合は、少し様相が異なり、転職3回までは非加入の度合いは高まらないが、4回以上になると、1・60倍となっている。そして、転職回数の多さが所得面の低さや就業形態の不安定さと相関していることから、非加入となる理由としては、手続き忘れだけでなく、所得面の制約も関係しているとする。

若壮年無業者、ひきこもり、親同居未婚者

この時期には、若壮年の無業者が急激に増加したことも注目しなければならない。失業者

（完全失業者）は「仕事についておらず、仕事があればすぐつくことができる者で、仕事を探す活動をしていた者」（総務省統計局「労働力調査に関するQ＆A」）を意味する。つまり就業意欲があることが条件の一つとなっている。この時期は、失業者のみならず、就業意欲そのものを喪失して無業者となるケースも増大したのである。

これは、労働力人口の対象から外れた「非労働力人口比率」という指標が大きく上昇したことによって示されている。若年層において、就職難から就業をあきらめて無業となってしまうケースや、本意に沿わずしぶしぶ非正規雇用で職場に勤めたものの、短期間で辞めたり解雇に追い込まれたりして、無業者となるケースが増えたことが、非労働力人口比率の上昇の要因となった。

求職意欲を喪失した人々は、その後雇用情勢が改善すると労働市場に参加していくことが多い。２０１２年以降の景気回復期においても、45歳以上の男性や25～64歳の女性にはそのような傾向が見られたが、25～44歳の男性の場合は異なった。労働市場へ戻ってくる動きが弱く、無業者にとどまり続けている状況にある。

全国で約26万世帯と推計されている「ひきこもり」の中にも、こうした人々がかなり含まれていると考えられる。ひきこもりとは、様々な要因の結果、社会的参加（就学や就労など）を回避し、６ヵ月以上にわたって家庭にとどまり続けている状態を指している。筆者は、２

図１－３　親と同居の壮年未婚者（35～44歳）数の推移

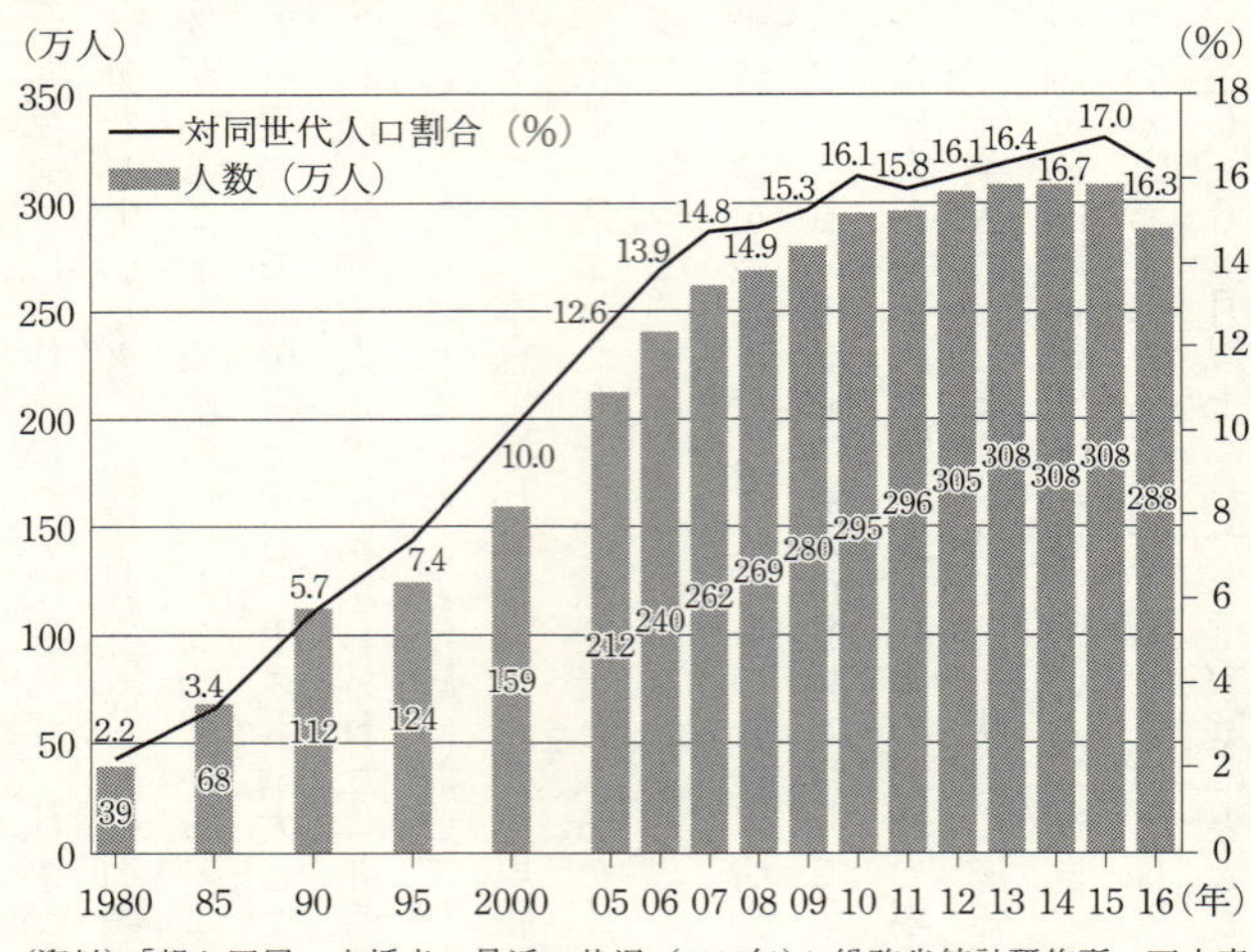

（資料）「親と同居の未婚者の最近の状況（2016年）」総務省統計研修所、西文彦（2017年２月）
（注）各年９月の数値

０１３年に、地域でひきこもりの人々を積極的に支え、町おこしへの参加に結び付ける活動を行っている秋田県藤里町（ふじさとまち）を訪問した時に、中心となって活動している藤里町社会福祉協議会事務局長（当時）の菊池まゆみ氏が語った言葉が忘れられない。「ひきこもりの人は、ずっとこの町にいたわけではないんです。町を出て、東京で企業に勤めたのですが、職場に馴染めずに辞めて、故郷でひきこもり、外に出て来ない人が多いんです」。まさに、ひきこもりは、雇用システムの変化が生んだ結果の一つでもあった。

　さらに、非正規雇用や無業者にお

いては、未婚のまま親と同居し、親の被扶養者となるケース（親同居未婚者）が増加している。こうした親同居未婚者は、総務省統計研修所の調査分析によると、2000年代の初めは若年層（20〜34歳）で増加したが、その後、壮年層（35〜44歳）において増加している。2016年には288万人にのぼり、同世代の16・3％を占めており（図1−3）、これは、団塊ジュニア年代が若年層から壮年層に移行してきたことが要因とされている。このような動きは、未婚率上昇と合わさった動きであり、出生率の低下に深く関係していることは後述する。

こうした人々の中には、親が資力があったり年金給付を受けたりしている間は経済的には問題はないが、将来親と死別した場合などには生活不安に陥るおそれがあるケースが見られる。今後、年齢を重ねていく中で、生活上のリスクが高まるおそれがあることから、社会全体で見守っていく必要性が高い。

3　社会のひずみ——孤立と格差

3万人を超える自殺者

以上述べてきたように、「家族」と「雇用システム」が大きく変化する中で、日本社会に大きなひずみが生じていった。

　その最も悲劇的な事象が、経済危機発生直後の１９９８年に年間自殺者数が初めて３万人を超えたことである。警察庁自殺統計によると、１９９８年の自殺者数は３万２８６３人と、前年に比べ何と８５００人も増加したのである。年間自殺者数はその後も３万人を超え続け、２００３年には３万４４２７人という過去最多を記録した。

　自殺死亡率の年齢別状況には、日本社会の変化がもたらした影響が表れている。自殺死亡率が最も低い水準であった１９９０年と２０１４年とを比較すると、70歳代以上の高齢層の自殺死亡率が大幅に低下した一方、30歳代以下の若い世代の自殺死亡率が上昇している。これには、経済危機以降の経済雇用状況が影響している。自殺統計によれば、１９９８年は、「経済・生活問題」を原因とする自殺が急増しており、こうした状況を裏付けている。自殺は、若い世代の死因の第一位であることも忘れてはならない。

　自殺対策のために活動している民間団体に、特定非営利法人自殺対策支援センター ライフリンク（代表、清水康之氏）がある。そのライフリンクが行った活動の一つが、「自殺実態１０００人調査」である。この調査は２００７年から２０１２年にかけて、自殺で亡くなった人の遺族を対象に聞き取り調査を行ったもので、その調査結果は、自殺の理由は一つではなく、様々な危機要因が重なり合った結果であるということを明らかにした。上位10の危機

図1－4　自殺の危機経路（「→」は連鎖を、「＋」は問題が新たに加わってきたことを示す）

【被雇用者（労働者）】
① 配置転換→過労＋職場の人間関係→うつ病→自殺
② 職場のいじめ→うつ病→自殺
【自営者】
③ 事業不振→生活苦→多重債務→うつ病→自殺
④ 介護疲れ→事業不振→過労→身体疾患＋うつ病→自殺
【失業者、等】
⑤ 身体疾患→休職→失業→生活苦→多重債務→うつ病→自殺
⑥ 犯罪被害（性的暴行）→精神疾患→失業＋失恋→自殺
【無職者（就業経験なし）】
⑦ 子育ての悩み→夫婦間の不和→うつ病→自殺
⑧ DV 被害→うつ病＋離婚の悩み→生活苦→多重債務→自殺
【学生】
⑨ いじめ→学業不振＋学内の人間関係（教師と）→ 自殺
⑩ 家族との死別→ひきこもり→うつ病→将来生活への不安→自殺

（資料）NPO法人自殺対策支援センター　ライフリンク「自殺実態白書2013」より

要因は、事業不振、職場環境の変化、過労、身体疾患、職場の人間関係の悪化、失業・就職失敗、負債（多重債務等）、家族間の不和（夫婦）、生活苦、うつ病であった。自殺で亡くなった人は、これらの危機要因を平均3・9個抱えていた。しかも、それらは「連鎖」し、自殺者の属性によって自殺するまでの経路（プロセス）に、一定の規則性があった。この調査からライフリンクが作成したのが、図1－4の「自殺の危機経路」である。

この図は、自殺が極めて個人的な問題であると同時に、社会的かつ社会構造的な問題であることを示している。また、自殺を防ぐためには、一つのリスクから次のリスクへの連鎖を防ぐことが、いかに重要であるかを明らかにしている。

なお、その後、ライフリンクをはじめ関係者の懸命の努力や国及び地方公共団体の取り組みもあり、２０１２年には自殺者数は3万人を切り、自殺死亡率は低下する傾向にある。

自殺の問題にも深く関連するが、社会のひずみとして顕在化したのが「社会的孤立」の問題である。

社会的孤立――1日3万件の電話

社会的孤立には様々な定義があるが、分かりやすく言えば、「人との接触が欠如し、社会的な活動に参加せず、困った時に頼りにできる人がいない」ような状態である。社会的孤立と同じような意味で使われる言葉が「社会的排除」である。これは、「徐々に、社会における仕組みから脱落し、人間関係が希薄になり、社会の一員としての存在価値を奪われていくことを問題視するものであり、社会の中心から、外へ外へと追い出され社会の周縁に押しやられる」という意味で用いられている（２０１２年版厚生労働白書）。ここでは個人の問題よりはむしろ、社会のあり方そのものが問われている。

こうした社会的孤立の状態にある人を、24時間年中無休の「何でも電話相談」で受け止め、支援を行っている取り組みに「よりそいホットライン」がある。この事業は、一般社団法人社会的包摂サポートセンター（代表理事、熊坂義裕（くまさかよしひろ）氏）が実施しているもので、２０１１年

10月から東日本大震災の被災三県を対象に開始し、2012年3月から全国に対象を拡大している。コールセンターは25ヵ所で、相談員総数は1314名にのぼり、協力団体はおよそ350団体となっている。筆者は、この事業の立ち上げに関わったが、事業開始前は電話相談に一体どの程度のアクセスがあるのか、ニーズはあまりないのではないかと思った覚えがある。ところが、事業開始直後から電話が鳴りっぱなしで、2012年度からの本格実施後は電話数は1日3万件、1ヵ月で100万件という状態となり、5年目となる2015年度においても状況は変わらず、電話総数は年間約1161万件にものぼっている。

社会的孤立のリスクを抱える人は様々である。最も端的なケースは、高齢単身者である。2012年の内閣府調査によると、ひとり暮らし高齢者の4割超が孤独死を身近な問題だと感じている（2017年版高齢社会白書）。一方、よりそいホットラインに電話をかけてくる人々は、2015年度の実績で見ると、40歳代が最も多く（29・2%）、50歳代（18・9%）、30歳代（15・4%）と続く。同居の有無では、男性では同居無が大半であるが、女性の場合は同居有のケースも多く、家族と同居していても孤立感を深めている状況が見られる。利用者の属性も多様である。失業者、無業者、非正規雇用など雇用面で不安を抱えている人や、ひとり親家庭、障害者やDV（ドメスティック・バイオレンス）被害者、いじめ被害者、ホームレス、性的少数者、高校中退者や中高不登校の若年者、外国人などである。

「人との関わり度合い・社会との接点」については、関わりが「狭い」または「ない」とした人が約4割、「孤立感、辛さ、さみしさなどの負の感情」では、そうした感情が「日常的」または「強い」にあるとした人が約5割にのぼっている。相談内容（複数回答あり）は、「心と体の悩み」が約9割、「人間関係の悩み」と「家庭の問題」がそれぞれ約6割にのぼっている。「自殺念慮（ねんりょ）」のケースも14・4％となっており、自殺未遂の経験がある人も5・4％となっている。

よりそいホットラインでは、福島県からの広域避難者を対象にした専門回線も開設している。その相談状況から、被災後6年経った現在、孤立につながる環境は一見すると改善されているが、一方で、震災体験や原発事故からの避難の体験が強いトラウマとして今でも被災者の心理に影響を及ぼしている状況が見られる。最も懸念されるのは、自殺念慮を訴える女性の相談件数が増えていることである。

相談事例から見る実態

よりそいホットラインの相談事例を２０１５年度報告から、いくつか紹介する。これらの事例から、今日の社会的孤立の実情がうかがわれる。

〈事例1〉30歳代男性、家族と同居（母・妹）

・相談内容

うつ病を患っている。アルバイトをしているが、定職に就けないことで毎日母親に責められている。いつ、どこで何をしているか、逐一報告しないといけない。休日も自由に出かけることはできない。自由がない生活に疲れた。「生きていてもなんの楽しみもない。死んだら楽になるだろうか」。

・支援経過

ぼそぼそとか細い声でフリーダイヤルを使って何度も話していた。相談を重ねる中でどんな風に生きてきたか、多くのことが語られた。「幼少期に両親が離婚、学校に行けなくなった。何とか仕事に就いたが、長くは続かず転職を繰り返した。そんな中、うつ病を患った。現在は週2日、やっとのことでアルバイトをしている。でももっと頑張れって母親に怒鳴られる」。決して幸せとは言えない成育歴を抱え、それでも何とか社会参加しようともがき苦しむ相談者の姿があった。また、本人の自立を阻む母子関係があることも見えてきた。

そこで、母親との適正な距離を保つためにひとり暮らしができるよう、生活困窮者自立支援相談窓口につなぎ、相談支援事業所やグループホームなどの仲介をお願いした。現在、自立に向けた支援がゆっくりりであるが着実に進んでいる。よりそいホットラインのコーディネーターは、現状確認と背中を押す役割として、定期的に電話連絡を入れている。

〈事例2〉50歳代女性、ひとり暮らし

・相談内容

両親の介護をしながら生活していたが、相次いで亡くなり、今はひとりで生活している。両親の年金で生活していたために、収入がなくなり水道光熱費、税金などを滞納している。仕事をしたくても保証人がいないので働けない。家がごみ屋敷になっていて困り果てている。「誰も助けてくれる人がいない」。

・支援経過

フリーダイヤルにパニック状態で電話が入った。電話だけでは生活状況など詳しいことが分からず、面談を重ねる中で問題を整理していった。生活保護の申請を行った後、ホームレス支援、弁護士、居場所などとつないでいくことで、生活再建を進めていった。

〈事例3〉被災地10代の女性、仮設住宅にて家族と同居

・相談内容

幼い頃両親が離婚。仕事が忙しい父親に代わって、中学生の頃から何でも自分でやるしか

なかった。津波被害で自宅が流された。仮設住宅で生活しているが、自分のプライバシーが保てない。家族が多く、落ち着いて勉強もできず、成績は下がっていった。家族に対する疎ましい気持ちが強く、家に帰りたくないという気持ちが強くなっていった。体調の変化や気分の落ち込みがあっても、「誰も分かってくれない」。

・支援経過

フリーダイヤルでは、思春期特有の不安定な心理を踏まえ、家族や仮設住宅への不満を受け止めながら、気持ちの整理ができるよう寄り添っていった。折り返し電話での継続相談も行い、コーディネーターは信頼関係が築けるよう、長期的な視点で関わっていった。その中で、養護教諭やスクールカウンセラーとのつながりも見えてきた。現在、仮設住宅の談話室や図書館を利用するなど、自分の時間を確保できるようになり、落ち着いてきている。

〈事例４〉壮年男性

・相談内容

自死で家族を亡くして天涯孤独になった。後を追うつもりであると泣きながら入電。

・支援経過

状況を追いながら月１～３回の折り返しを続けるうち、外に出る意欲が出てきた。地域センターにつなぎ、居住地域の生涯学習などの情報提供を行い、地域の社会資源を利用できるようになった。

格差の固定化

社会のひずみとして、「格差」の問題も指摘されている。社会的孤立が生じる背景にも、格差の問題が絡んでいる場合が多い。格差の状況については様々な観点からの議論があるが、ここで取り上げるのは、格差の「固定化」という問題である。

この点で懸念されるのが、「雇用」に伴う格差の固定化である。

非正規雇用と正規雇用の間には様々な格差がある。その一つが賃金の格差である。２０１６年賃金構造基本統計調査（厚生労働省）によると、昨今の人手不足により、非正規の賃金も上昇傾向にあるものの、格差は依然として大きい。35～39歳の男性平均年間賃金額で比較すると、正規が約３３２万円であるのに対して、非正規は約２３３万円（正規の69・５％）となっている。しかも、正規は、年齢に伴い賃金が上昇し、50～54歳で約４４１万円に達するのに対して、非正規は、年齢にかかわらず賃金はおおむねフラットで、同じ50～54歳で約２４７万円（正規の53・９％）にとどまっている。こうした状況は、後ほど述べるように、若い世代における結婚割合の格差にも結び付いており、個々人のライフコースに大きな影響

図1－5　学歴が貧困率に与える影響

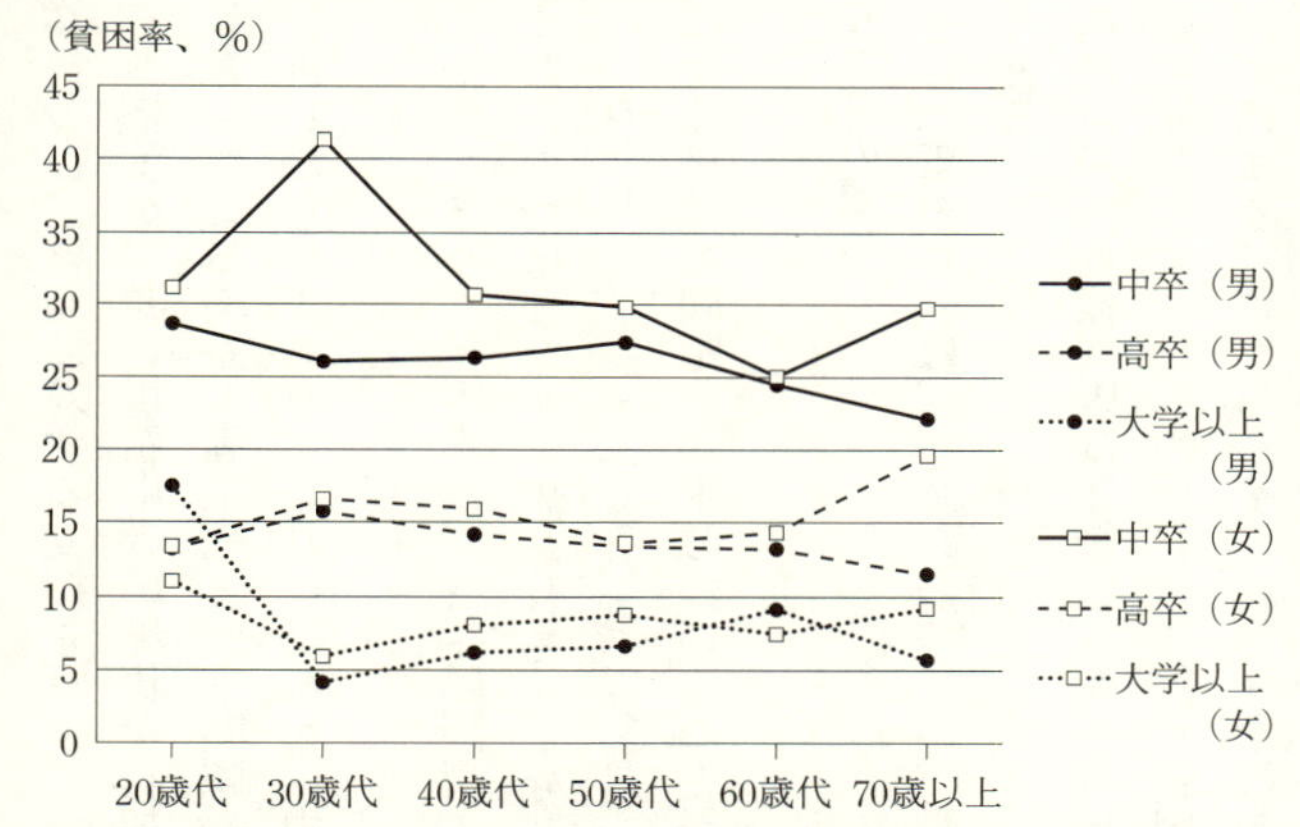

（資料）内閣府男女共同参画会議、基本問題・影響調査専門調査会、女性と経済WG第8回資料3（2011年12月20日）、「平成22年国民生活基礎調査」特別集計

（注）貧困率は、等価世帯所得（世帯所得を世帯人数の平方根で除したもの）の中央値の50%未満にあたる世帯所得の個人の割合

を与えている。

企業が実施する教育訓練機会の格差もある。教育訓練は、従業員にとっては自らの職業能力を高め、生産性をあげる上で重要な役割を果たす。特に若年の時に適切な教育訓練の機会が与えられず、十分なキャリアが形成できないと、その後も長期にわたって非正規の状態が継続したり、失業したりするおそれが高い。２０１５年度能力開発基本調査（厚生労働省）によると、事業所が実施する日常の業務に就きながら行われる計画的なＯＪＴと、業務命令に基づき通常の仕事を一時離れて行うＯＦＦ－ＪＴともに、非正規は、正規の約半分の水準にとどまっている。

従業員の自己啓発に対する支援を行っている事業所の割合も半分程度である。こうした人材投資の格差が、非正規雇用者が現状を脱却できない要因にもなっている。

「教育」による格差の固定化という問題もある。図1―5は、学歴が貧困状態に与える影響を分析したものである。これによると、中卒と高卒、大学以上の間で貧困状況に格差が見られる。詳しく見ると、中卒は、男女とも、20歳代から60歳代まで高卒や大学以上に比べて大きな格差があり、貧困率は、各年齢階層で見てもほぼ25％を超える。中卒の人数はそれほど多くないのではないかと思われるかも知れないが、中卒には、高校中途退学者（2016年は約4万9000人）も含まれる。教育が一生の経済状況に大きな影響を及ぼし、学歴の違いによる格差の固定化が生じていることが懸念される。

リスクの連鎖

さらに重要なのは、リスクの多くが、単独で発生し、存在しているわけではないということである。

前に自殺の危機要因は連鎖しており、自殺はその結果であると述べた。この連鎖の構造は、自殺のみならず、社会的孤立や格差、貧困や失業など人々が遭うかも知れない多くのリスクに当てはまる。だからこそ、リスクを複数持つ個人や家族が多くなっている。格差の固定化という問題も、一旦リスクが発生すると、それが別のリスクを次々と生むこととなり、その結果、連鎖の中から脱出することが困難になるという背景がある。

リスクの連鎖を示唆した調査結果を見てみよう。

一つは、日本における社会的排除の実態を調査した社人研の「社会保障実態調査（2007年）」である。この調査は、全国から無作為に選ばれた調査地区（300地区）に居住する約1600世帯を対象としており、調査項目には、15歳の時の生活状況という過去の情報が入れられていた。阿部彩（あや）氏（当時、社人研社会保障応用分析研究部長）は、この調査に基づき、20〜49歳の世代について「15歳時の貧困は、それが低学歴を引き起こし、非正規労働となる確率を高め、現在の低所得を誘発している以外にも、直接的に現在の食料困窮に影響している。また、低学歴であることも同様に、低学歴が非正規労働を引き起こし、低所得を誘発する以外にも、直接的に食料困窮に影響している」との結果を明らかにしている。まさに、過去のリスクが連鎖して次のリスクを引き起こし、さらにそれらが蓄積していく実態である。

CCS調査が明らかにする「連鎖」

他の一つは、コミュニティー・カルテ・システム調査（以下「CCS調査」）による調査結果である。CCS調査の特徴の一つは、「回顧パネルデータ」と呼ばれる過去に遡った質問

表１－２　「授業理解困難」の将来のリスク要因への波及

		A市	B市
「授業理解困難」というリスクの保有率(%)		13.6	8.1
将来リスクへの拡大率（倍）	不登校	2.89****	3.14****
	高校中退	13.98****	8.95****
	若年無業者	14.04****	8.34****
	居場所なし	3.38****	4.39****
	引きこもりがち	2.26****	4.80****
	住居喪失	3.18****	－
	貧困	2.19****	2.45****
	返済困難	2.57****	1.51**

（資料）株式会社オープン・シティー研究所所長日下部元雄「９都市のエビデンスで見る若者世代のリスク急増の要因と対策」（2016年10月）
（注）リスク拡大率の欄で、****は有意水準が99%以上、**は90%以上

（「この問題があったのは、何歳から何歳のころでしたか」）に答えてもらっていることで、これにより、長期の観察期間を要する大規模パネルデータに匹敵する多次元・時系列的な分析が可能となるとされている。調査は、２０１３年から２０１６年にかけて、約９０００人を対象に実施された。34歳までの若者世代、35歳から49歳までの団塊ジュニア前後の世代、50歳から64歳までの世代、65歳以上の高齢世代ごとのリスクの状況を分析し、その結果、リスクの実態と連鎖について以下のような状況を明らかにした。

（１）発達期リスクの倍増

「授業理解困難」「いじめ」「不登校」「若年無業者」「不安定・うつ」などの、発達期（幼児期、学齢期、就労期）のリスクが若者世代において急増している。例えば、「授業理解困難」

は、調査対象の４地域においては、親（団塊ジュニア前後の世代）が学齢期だった頃から見ると２倍前後となっている。

（２）「仲間遊び苦手」「親、接触少」が大きな共通要因

発達期リスクが発生している共通要因として、幼児期の「仲間遊び苦手」で表される社会性の発達の遅れや、愛着の形成の不安定化につながりやすい「父・母との接触少」と深く関連している状況が見られる。

（３）「貧困」などの生活困窮者リスクへの波及が大きい

発達期リスクからの将来の就労や貧困等の暮らしのリスクへの連鎖が非常に強い。表１－２は、調査対象となった地域において「授業理解困難」に陥った子が、その後「不登校」や「高校中退」「若年無業者」「貧困」などになるリスクの割合を、そうでない子と比較したものである。この分析結果によると、例えば、「高校中退」のリスクはＡ市では約14倍、Ｂ市では約９倍、「若年無業者」はＡ市は約14倍、Ｂ市は約８倍となっている。

世代間の連鎖

さらに注意しなければならないことは、こうしたリスクが、ひとりの生活や人生だけでなく、親子という世代間でも連鎖しているのではないか、ということである。

ある地域の生活保護受給世帯を対象とした道中隆氏の調査結果では、過去の出身世帯においても生活保護を受給していたことが確認された世帯が、全体の25・1%にのぼったことが明らかになっている。貧困が世代間で連鎖しているケースである。

前述したCCS調査においても、親のリスク要因が子ども世代に連鎖しているのではないか、との懸念が示されている。子どもの「不登校」のリスクを分析したところ、子ども本人のリスクよりも、その親が有しているリスクの方が強く影響している傾向が見られたからである。例えば、親が「若年無業者」だったり、「働きながら介護」をしているような就労面のリスクや、「不安定・うつ」や「居場所なし」といった心の健康に関わるリスクを有していることが、子どもの「不登校」のリスクを高める結果が示されている。

この調査分析では、90年代後半以降の経済低迷の真っ只中にあって、当時の厳しい経済環境が、親にあたる団塊ジュニア前後の世代（35歳から49歳）の子育て期を直撃し、その様々な精神的ストレスが、その子たちの発達期リスクをさらに拡大しているのではないか、という見解が示されている。世代間の連鎖として憂慮される事態である。このように、日本社会において、現在のみならず将来にわたって新たな問題が生じているとするならば、今後、社会保障に何ができるかが問われてくる。

4　人口減少の到来

今はジェットコースターの頂点

これまで「家族」と「雇用システム」の変化について述べてきたが、これらの変化が行き着く先として生じたのが「人口減少」である。結婚や出産は本来、個々人の自由な意思によって決定されるべきだが、実際には、様々な社会的要因、経済的要因が大きな影響を与え、希望と現実に乖離が生じている。

まず、日本の人口動向をおさらいしておこう。

日本の総人口の動きを長期で見てみる（図1－6）と、江戸時代後半は3000万人程度で安定的に推移していたが、明治以降は急激な人口増加期を迎え、1967年に1億人を突破し、2008年に1億2808万人のピークに達した後、ついに人口減少の局面に入ったこととなる。

この図を見れば分かるように、まるでジェットコースターのような動きであり、今、私たちはその頂点の近くに位置する場所に立っている。今後は急激に人口が減少していくことが予測され、これから落ちていく下り坂をのぞき込むと、目も眩みそうである。しかし、そこ

図1－6　日本の長期的な人口推移

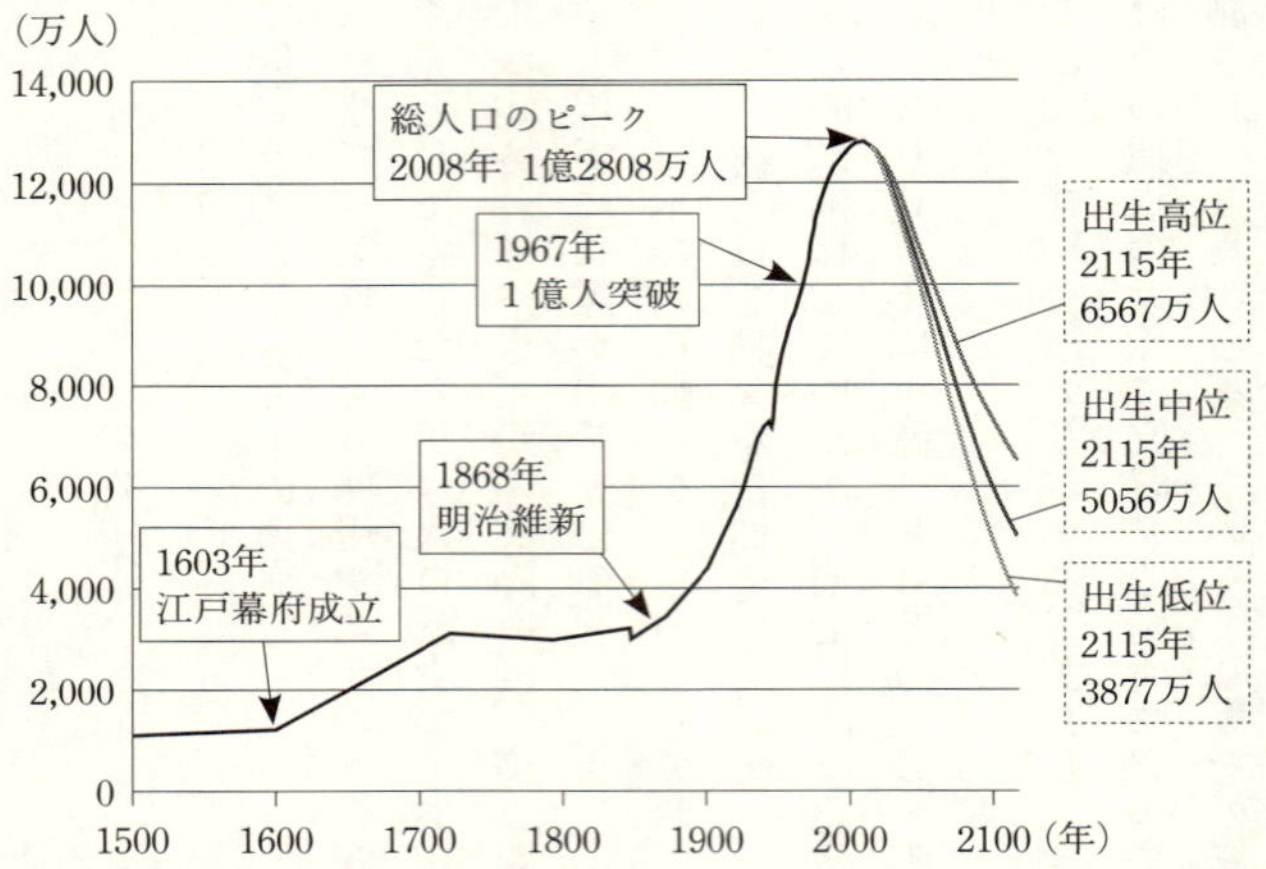

(資料) 国立社会保障・人口問題研究所「人口統計資料集」。1846年までは鬼頭宏『人口から読む日本の歴史』(講談社、2000年)、1847～1870年は森田優三『人口増加の分析』(日本評論社、1944年)、1872年及び1900年は内閣統計局「明治五年以降我国の人口」、1920～2015年は総務省統計局長期時系列データ (「国勢調査」「人口推計」等)、2016年以降は国立社会保障・人口問題研究所「日本の将来推計人口 (2017年推計)」。なお、資料に数値のない年次は、直線補間により計算している

はしっかり目を開いて、行く末を考えなければならない。これからの減少は避けられないとしても、どこで食い止められるかは私たちの対応次第だからである。

なぜ、このように日本が人口減少時代を迎えることになったのか。我が国の出生率と年間の出生数は、図1－7のように、戦後を通じて波を打つように変化してきた。このような激しい動きの中で、今日の人口減少に至った経緯を理解することが、今後の対応を考える上で重要となる。

図1－7　出生数及び合計特殊出生率の年次推移（1947～2016年）

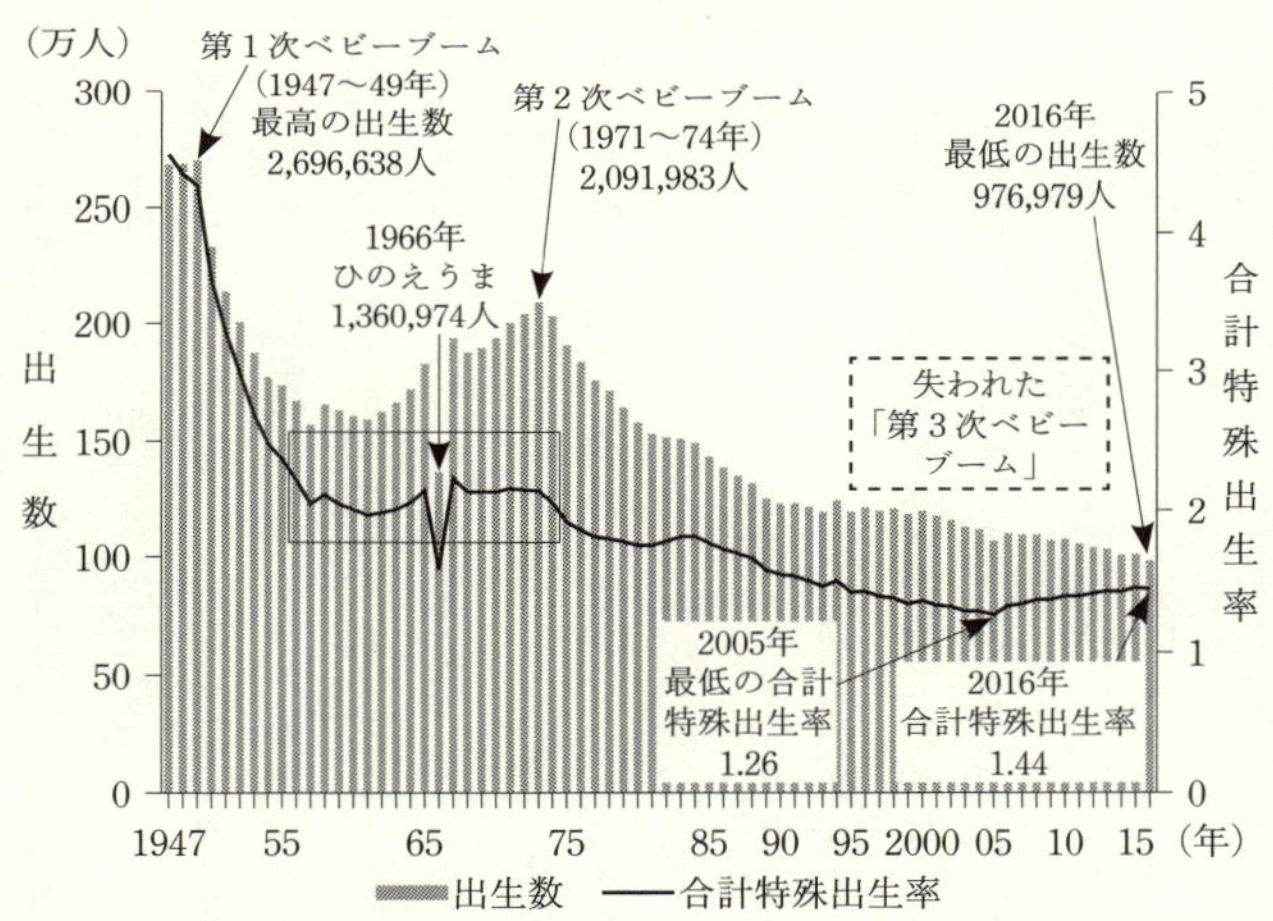

（資料）厚生労働省「平成28年人口動態統計月報年計」等をもとに筆者作成

「人口過剰論」の時代

まず、出生率の動きから見てみよう。

出生率を決めるのは、大きく「未婚率」と「有配偶出生率」の二つである。前者は、結婚しているかどうかの割合であり、「結婚行動」に関する指標である。日本の場合は婚外子が非常に少ないので、結婚行動が直接、出生率に影響する。後者は結婚した女性が産んだ子どもの数で、夫婦の「出生行動」（「出生力」とも言う）に関する指標である。「1－未婚率」と「有配偶出生率」の積が出生率となる。

そこで、日本の出生率の動きを見てみると、大きくいくつかの時期に区分できる。

第一期と言えるのは、終戦直後の「第一次ベビーブーム期」から、1970年代半ばの「第二次ベビーブーム期」までである。

終戦後、日本は出生率が4を超え、1949年には年間出生数が約270万人と最多を記録した。こうした急激なベビーブームと海外からの引揚によって、人口が急激に増加したため、当時の政府は人口増加を抑制することを緊急課題と考えた。その背景には、日本の人口が著しく過剰であるという基本認識（人口過剰論）があった。1949年5月に衆議院が行った「人口問題に関する決議」は、「現下わが国の人口は著しく過剰である。このために国民の生活水準の向上は容易に望まれないばかりでなく、他面、わが国の経済復興計画の樹立と実施に著しい困難を与えており、更に婦人解放、母性文化の向上に対しても大きな障碍（しょうがい）をなしていることが認められる」と危機感を明らかにしている。

こうした情勢を踏まえ、人口増加を抑制する方策として要請されたのが、家族計画（受胎調整）の普及と移民の研究・準備であった。移民と言っても、日本国民が海外へ移民するということである。このうち受胎調整は、1948年に優生保護法（当時）が制定され、官民あげての産児制限運動として普及していった。その「成果」もあり、現実として日本の出生率は急激に低下し、1947年に4・54であったのが、10年後の1957年には2・04にまで低下した。

この時期の出生率低下は、主として「出生行動」の変化によるものであった。それまでのように3人以上の子どもを持つ夫婦が減り、子ども2人が大勢を占めるようになったのが要因である。こうした出生行動の変化は、死亡率の低下と合わせて、「多産多死型」から「少産少子型」への変換をもたらした。この動きは、専門家が「人口転換」と呼ぶほど大きな社会変化であった。

「静止人口」を目指して

終戦後の人口急増期を脱した後、政府が目指したのは「静止人口」であった。

静止人口とは、出生数と死亡数が等しく人口増加率がゼロとなる状態を指している。1969年8月に厚生省の人口問題審議会（以下「人口審」）がとりまとめた「わが国人口再生産の動向についての意見」は、当時の出生率低下が急激であり、将来は人口が減少する縮小再生産の可能性があることに懸念を示す一方で、日本の人口はすでに1億人を超える規模で非常に高密度であるため、高い増加率は歓迎できないとし、ゆえに、人口が増加も減少もしない、いわゆる静止人口の状態が実現することが望ましいとした。

静止人口の状態が続くためには、出生率が「人口置き換え水準」（人口が将来にわたって増えも減りもしないで、親の世代と同数で置き換わる出生率、2019年の値は2・07）で安定的に推移することが条件となる。それでは、実際の出生率の動きはどうであったか。戦後の出生率の動向を表した図1−7をもう一度見ていただきたい。当時の状況を見ると、出生率は、1957年に2・04になって以降、1974年頃までの間は、1966年「ひのえうま」の1・58を唯一の例外として、2前後で安定的に推移していたこと（図の「四角囲み」の部分）が分かる。静止人口が達成したと見えるような状態が実現したのである。

これを踏まえ、1974年に人口審は「日本の人口問題の中心課題は、かつての過剰人口と結び付いた量的な問題から質的な問題へと転換した」という基本認識を示し、政策の重点も、出生率の問題から健康増進や児童健全育成、さらには高齢化問題へと移行していった。

政府や専門家の常識を超えた低下

続く第二期は、1970年代半ばから、2000年代半ばまでの出生率が長期的に低下していった時期である。

先ほど、出生率が2前後で安定して推移し、1970年代半ばには日本が「静止人口」を達成したと考えられたと述べた。実際には、この出生率の安定的状況は、その後急速に崩れていく。1975年に2を切った後、3年後の1978年には1・8を切り、その後若干回復したものの、1987年に1・7を切り、1989年には、前述した1966年の「ひのえうま」の年を下回る1・57にまで低下した。このことは「1・57ショック」として大きく取り上げられ、1990年以降、政府はようやく少子化対策に乗り出したが、それに至るまでの1970、80年代の間、出生率の低下が主要な政策課題として取り上げられることはなかった。戦前の「産めよ、殖やせよ」という人口増加政策に対する批判が念頭にあり、慎重論が強かったことは確かであるが、政策という点では「空白期間」と言われても仕方がない。

その後、子育て支援を中心とする少子化対策が講じられ、「エンゼルプラン」の策定（1994年）から始まり、「次世代育成支援対策推進法」（2003年）や「少子化対策基本法」（2003年）の制定などが進められた。しかし、政策の実際的効果は少なく、出生率は低下し続け、2005年には過去最低の1・26を記録した。

このように出生率が低下し続けている間、政府や人口問題の専門家はそれをどのように捉えていたのであろうか。出生率が1・75になった1980年に人口審は、夫婦が生涯に産む子どもの数には変化はなく、出生率の低下は女子の進学率・就職率の上昇により結婚・出産が遅れているためと分析し、この問題は「一応静観が許される」と結論付けた。人口問題研究の専門家である阿藤誠（あとうまこと）氏によると、出生率の低下については、「晩婚化による一時的な出産の遅れ現象であり、やがて晩婚化が止まり、人々が以前よりも高い年齢で結婚・出産をはじめれば出生率はふたたび置換水準近くに回復するという見方」（『現代人口学』）が当時は支配的だったのである。

この考え方は、日本の将来人口推計にも影響を及ぼした。将来人口推計は、社人研が、国勢調査に基づき5年ごとに行っているが、その際に設定される「将来の仮定値（中位推計）」は、出生率が低下し始めた以降も、人口置き換え水準の2を上回る数値とされた。これは、先ほど述べたように、若い世代の出生率低下は、「出生の繰り延べ」というテンポ（タイミング）効果に過ぎない、と認識されたことによる。

しかし、現実にはその後も30歳代の未婚率は上昇し続け、出生率が回復することはなかった。このため、１９９２年推計以降は、２を下回る数値に設定され、直近の人口推計では1・44となっている。

結果から見れば、近年の出生率の低下は、当時の政府や専門家の常識を超える現象であったということになる。

晩婚化、非婚化、完結出生児数の低下

この１９７０年代半ば以降の出生率低下は、どのようなプロセスで進んだのだろうか。

図１－８は、年齢別未婚率の推移である。未婚率は、１９７０年半ば以降上昇を続け、「晩婚化」が急激に進んだことが分かる。「結婚行動」の大きな変化である。25～29歳の男女

図1－8　年齢別未婚率及び生涯未婚率の推移（男性、女性）

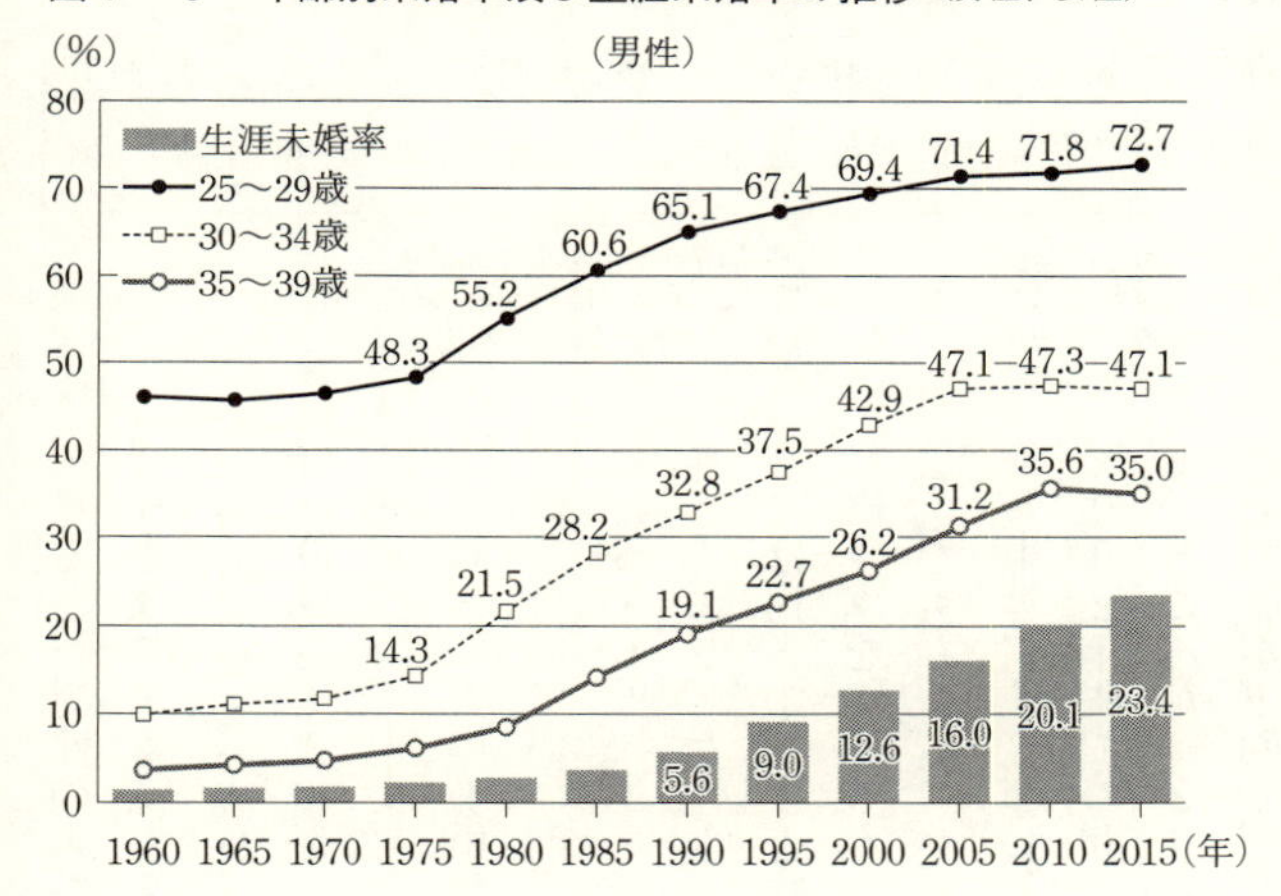

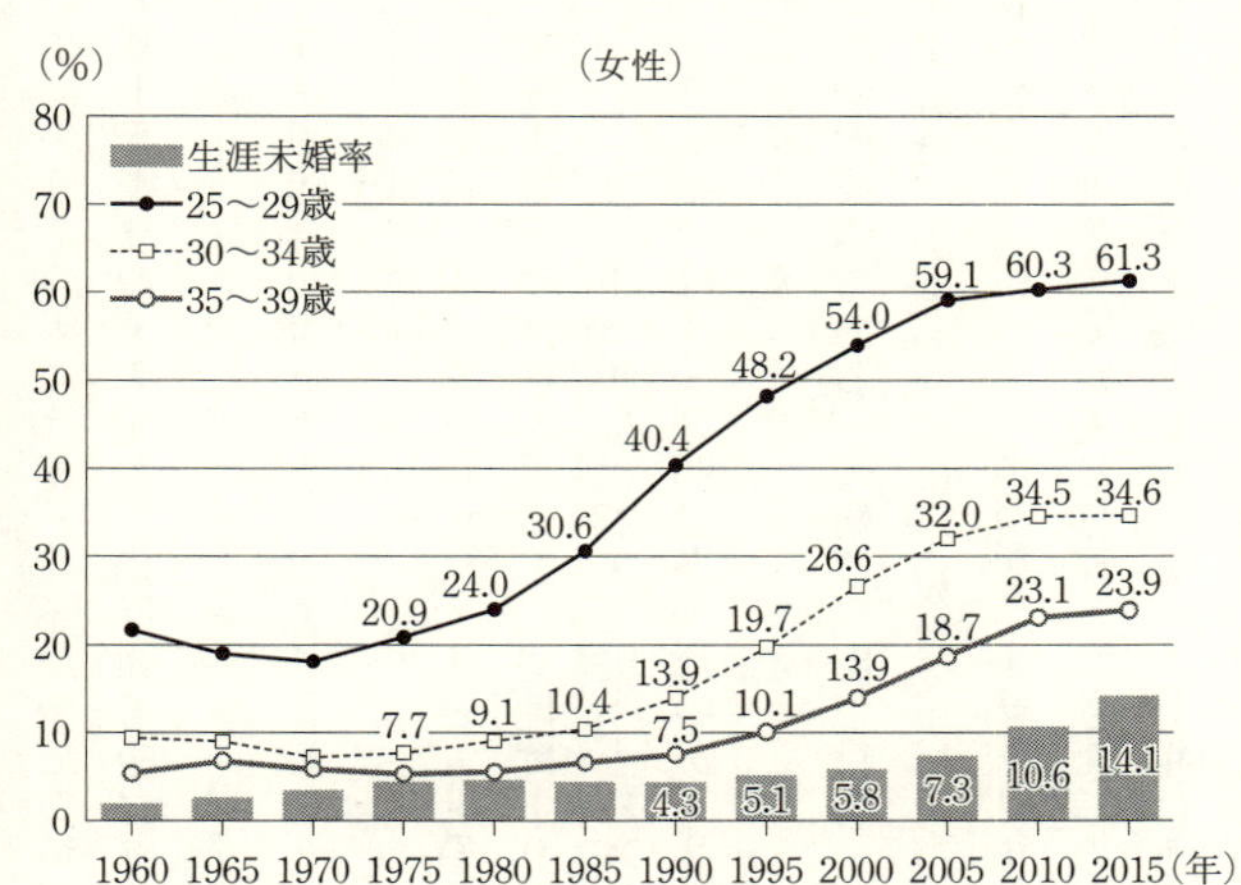

（資料）年齢別未婚率は、総務省統計局「国勢調査」。生涯未婚率は、国立社会保障・人口問題研究所「人口統計資料集」

表1－3　夫婦の完結出生児数

年	1977	1982	1987	1992	1997	2002	2005	2010	2015
完結出生児数（人）	2.19	2.23	2.19	2.21	2.21	2.23	2.09	1.96	1.94

（資料）国立社会保障・人口問題研究所「出生動向基本調査」
（注）「完結出生児数」とは、結婚持続期間（結婚からの経過期間）15～19年の夫婦の平均出生子ども数で、夫婦の最終的な平均出生子ども数とみなされている

で見ると、男性の未婚率は１９７５年には48・3％だったのが、１９９５年は67・4％、２０１５年は72・7％と、40年間で約24ポイント上昇している。女性の未婚率の上昇はもっと急激で、１９７５年は20・9％だったのが、１９９５年は48・2％、２０１５は61・3％と、約40ポイントの上昇となっている。

そして、この晩婚化の動きは、１９９０年代に入ると「非婚化」へと結び付いていった。生涯未婚率の推移を見ると、男性は１９９０年には5・6％であったのが、２０１５年には23・4％へと約4倍に上昇しており、女性も１９９０年には4・3％であったのが、２０１５年には14・1％へと約3倍になった。

出生率を決めるもう一つの要因である、夫婦の「出生行動」の方はどうであろうか。表１－３は、夫婦の完結出生児数（夫婦の最終的な平均出生子ども数）の動きを示したものであるが、１９７０年代以降２００２年までの間は2・2前後で安定的に推移してきたことが分かる。ところが、２００５年には2・09となり、２０１０年は1・96と初めて2を下回り、２０１５年には1・94にまで低下している。これ

は、晩婚化が出産年齢の高齢化に結び付き、それが完結出生児数の低下をもたらした結果であった。

1970年半ば以降からの出生率低下は、結婚行動の変化である「晩婚化」から始まり、それが1990年以降は「非婚化」に結び付き、さらに2000年代以降は「出生力低下」という出生行動の変化をもたらした。そして、これら三つの要因が重なる形で、出生率は低下していったのである。

失われた「第三次ベビーブーム」

次に、出生数の動向を先の図1－7で見てみよう。

出生数は、出生率の動向が影響することは当然だが、両者の動きは必ずしも同一ではない。出生数は、出生率だけでなく、子どもを産む年齢層の女性人口が関係してくるからである。いくら出生率が高くなっても、出産する年齢層とされる女性人口が少なければ、出生数は少なくなる。

日本の人口構成で見ると、戦後の第一次ベビーブーム世代が一つの大きな塊（団塊世代）を形成している。年間250万人以上の出生数があった世代である。その第一次ベビーブーム世代の子どもたちが中心となって、1970年代前半に年間200万人に達する第二次ベビーブーム世代（団塊ジュニア世代）が形成された。この二つの人口の塊が、日本の総人口を引っ張ってきたと言える。

問題は、図1－7を見れば分かるように、団塊ジュニア世代の子ども世代として期待された「第三次ベビーブーム世代」の到来が見込めないことである（図の「点線四角」の部分）。団塊ジュニア世代の最も若い年齢層は現在（2017年時点）43歳に達している。彼らの世代による出産の多くが想定されたのは、1995年から2013年の間で、最も期待されたのは2000年前後であった。

この時期こそ、前述したように日本の雇用システムが大きく変化し、若年層が「就職氷河期」と呼ばれる中で就労や生活基盤の形成に苦しんでいた時期にあたっていた。晩婚化や非婚化の流れは1980年代以降強まっていたが、1997年以降の経済低迷に伴う厳しい環境は、ちょうど就職、結婚、出産の時期にあった団塊ジュニア世代に決定的な影響を与えた。これが、すでに進行していた晩婚化に追い打ちをかけ、未婚者を急激に増加させた結果、出生率は過去最低の1・26（2005年）にまで落ち込んだのである。前に、無業者や非正規雇用の中には、未婚で収入が低いため、親と同居し親の被扶養者となるケース（親同居未婚者）が増加していると述べたが、これはそうした実態を表している。

「家族」の変化と「雇用システム」の変化が行き着く先として生じた「人口減少」であった。

それゆえに、社会的孤立や格差の問題と人口減少の問題は、切っても切り離せない関係にあり、これらの問題への対応方策も重なり合う面が多い。

出生数100万人割れの現実

幸い、出生率は2005年を底として緩やかに回復しているが、人口動向が「第三期」と呼べるような本格的な回復期に入ったかどうかは、予断を許さない。2016年の出生率は1・44で、前年を0・01下回った。最近の出生率回復の要因は、30歳代以降の出生率の上昇であるが、20歳代後半から30歳代前半の出生率は伸び悩んでおり、30歳代以降の出生率の上昇も緩やかで、それを補うほどではないのが実情である。楽観できる状況には全くない。

しかも、仮に出生率が回復期に入ったとしても、出生数の減少は免れない。今後、子どもを産む年齢層とされる15歳から49歳の女性人口が急激に減少していくからである。現実に、2016年の出生数は、ついに100万人を切り、前年比2万8698人減の97万6979人と過去最少となった。

出生率を回復していくことの重要性は変わらないが、仮に相当程度に回復しても、当分の間は、出生数の減少は避けられないという厳しい現実を私たちは受け止めなければならない。

人口問題とは、過去に起きた現象が現在のあり様を規定すると同時に、現在の動きが将来に大きな影響を与えるという特性を有している。その「怖さ」が改めて認識される。

ここまで、1980年代以降日本社会に生じた「家族の変化」「雇用システムの変化」、そして「人口減少」という三つの大きな変化について述べてきた。こうした社会の変化に対して、今後、社会全体としてどのように対応するかが問われるが、そのことは、第3章以降において取り上げる。その前に、続く第2章では、日本の社会保障の基本構造を明らかにし、その果たしてきた機能と限界について考えることとしたい。

第2章　日本の社会保障の光と影

1　社会保障方式を中心とする制度体系

社会保険方式か、税方式か

まず、日本の社会保障の基本構造がいかに形作られてきたかを見てみよう。

戦後、日本の社会保障を再建するにあたって最大の論点となったのは、「社会保険方式」と「税方式（公費方式とも呼ぶ）」のいずれを社会保障の中心とすべきか、ということであった。社会保険方式も税方式も、国が、国民が健康で安心して生活を送ることを保障するために公的に支援する点では変わりはない。違うのは、支援に要する財源をどう確保し、それをどのように提供するかといった具体的な仕組みである。国民の生活を保障するという目的が同じなのだから、どちらでも大差ないと思われるかも知れない。しかし、それは誤りである。この両方式のいずれを選択したかは、今日、社会保障が果たしている機能やその課題のあり様に重大な影響を与えている。

両方式の具体的な内容を説明しよう。

社会保険方式は、人々が、「保険事故」に備えて「保険料」を出し合い、保険事故に遭った場合にはお金やサービスといった「保険給付」を受け取る、という「保険の仕組み」をベースとしている。保険と言えば、民間の生命保険や損害保険を思い浮かべる人が多いと思うが、基本的な構造は同じである。ただし、民間保険とは異なり、社会保険は、どのような保険事故に対して、どのような人々が保険料を支払い、どのような保険給付を受けるかは、すべて法令によって定められている。そして、全部または一部の国民が保険へ加入することが義務付けられている「強制保険」である。しかも、保険料が所得など負担能力に基づいて設定される「応能負担」と呼ばれる仕組みとなっており、それにより「所得再分配」が図られている。公的な医療保険や年金、雇用保険、介護保険など、日本では広範な分野に社会保険方式が導入されている。

これに対し、税方式とは、その名のとおり、国などが徴収する租税のみを財源として、支援の必要な人々に給付を行う仕組みである。最も分かりやすい例としては、公的扶助と呼ばれる生活保護がある。生活保護の給付費はすべて国と地方公共団体の税金が充てられている。このほかに税方式が採られている分野として、障害者福祉や児童福祉などの社会福祉がある。

社会保険方式を選んだ日本――自立と社会連帯

現在も、世界の国々には、社会保険方式を中心とする国（フランスやドイツなど）もあれば、税方式を中心とする国（スウェーデンなど北欧諸国）もある。一般的な政策論として、いずれが正しくて、いずれが誤っているというような性格のものではない。それぞれの国が自らの歴史や国情を踏まえながら、妥当と考える途を選んできたということである。そして、日本は、社会保険方式を中心とする途を選択した。

税方式の選択肢がないわけではなかった。むしろ憲法第25条に生存権が規定された直後の状況では、社会保障の国家責任を強調する意見が学界を中心に強く、そうした立場からすれば、税方式の方が国家責任をストレートに表す制度としてふさわしいのではないか、とする意見もあった。

そうした中で社会保険方式を選択した理由は様々あるが、参考となるのは、前述した制度審の１９５０年の勧告である。50年勧告は、社会保障の仕組みとして、社会保険方式と税方式の両者があることを述べた上で、次のように、社会保険方式を社会保障の中心とすべきと勧告した。

「国民が困窮におちいる原因は種々であるから、国家が国民の生活を保障する方法ももとより多岐であるけれども、それがために国民の自主的責任の観念を害することがあってはならない。その意味においては、社会保障の中心をなすものは自らをしてそれに必要な経費を醵出せしめるところの社会保険制度でなければならない」

「しかし、わが国社会の実情とくに戦後の特殊事情の下においては、保険制度のみをもってしては救済し得ない困窮者は不幸にして決して少くない。これらに対しても、国家は直接彼等を扶助しその最低限度の生活を保障しなければならない。いうまでもなく、これは国民の生活を保障する最後の施策であるから、社会保険制度の拡充に従ってこの扶助制度は補完的制度としての機能を持たしむべきである」

分かりやすく言うと、国民が自らの責任で自らの生活を守るという考え方（自助）を前提とした上で、社会保障については、この「自立・自助」の精神に即して、自らの責任として必要な費用を支払う仕組み（共助）である社会保険を中心とし、税による扶助（公助）は、社会保険ではカバーできない人を救済する補完的な制度として位置付ける、というものである。現在も基本となっている「自助・共助・公助」を組み合わせる考え方であり、その中で、社会保険を中心とすることが明確に示されている。

さらに、勧告が示した重要な考え方は、社会保障の意義を述べている箇所である。

「そうして一方国家がこういう責任（「国民の生活保障の責任」のこと。筆者注）をとる以上は、他方国民もまたこれに応じ、社会連帯の精神に立って、それぞれの能力に応じてこの制度の維持と運用に必要な社会的義務を果さなければならない」

社会保障が国家の責任であるとしても、それは、国民の「社会連帯」によって支えられるべきものであり、国民はその社会的義務を果たさなければならないとした。この「自立」と「社会連帯」の二つの考え方が合体することによって、自立した個人を目指すとともに、その自立した個人が自分以外の人と共に生き、手を差し伸べる社会を作っていくことが、社会保障の基本理念とされた。そして、社会保険は、この「自立」と「社会連帯」の考え方を最も明確に表す仕組みとして考えられてきたのである。

当時は戦後の混乱がまだまだ続き、日々の生活に困窮する人々が数多く存在し、一方、健康保険など戦前からあった社会保険制度が戦後のインフレの影響に苦しんでいる状況であった。そのような時期にありながら、国民の「自立」と「社会連帯」によって社会保障を築いていこう、そのため、社会保険を中心にしていこう、というのである。当時としては高く、遠い目標であったが、その後今日に至るまで、この考え方が日本の社会保障の基本理念として位置付けられてきた。

負担と給付の結び付き

それでは、この社会保険方式の選択は正しかったのであろうか。

制度審の1995年勧告は、日本の社会保障の歩みを総括する中で、社会保険方式の選択を高く評価した。

「我が国は、当時の社会保障のモデルとされたイギリスが社会保険方式を中心としたということもあり、さらには当時の厳しい財政状況の下では後者（「社会保険方式」のこと。筆者注）の途を採る以外にないという事情もあり、社会保険方式を採ることとなった。それは当時としてはやむを得ざる選択であったが、結果的にはより良い途を選んだといって誤りではない。我が国の社会保障体制はその後の発展過程においても、基本的にこの路線を歩んだ」

95年勧告は、その理由として、社会保険に対する国民の意識をあげている。

「社会保険は、その保険料の負担が全体として給付に結び付いていることからその負担について国民の同意を得やすく、また給付がその負担に基づく権利として確定されていることなど、多くの利点をもっているため、今後とも我が国社会保障制度の中核としての位置を占めていかなければならない」

この点を少し説明しよう。

社会保険方式と税方式の違いの一つは、国民がお金を支払う時点で、その使い途があらかじめ決まっているかどうかである。社会保険方式では、国民が保険料として支払うお金はすべて保険給付に使われることが、あらかじめ決まっている。例えば、医療保険に加入している人が支払う保険料は、医療サービスのみに使われ、それが道路の整備とか産業振興などに使われることはない。介護保険などの他の社会保険も同様である。

これに対して、税方式では、国民が支払う時点では、その税が何に使われるかはあらかじめ決まっていない。国税の使い途が決まるのは、毎年政府が行う予算案の編成作業を通じてである。正確に言うと、2012年に成立した社会保障・税一体改革関連法によって、消費税については、税収のすべてを社会保障分野（年金、医療、介護、子育て）に使わなければならないこととなった。消費税の「社会保障目的税化」と呼ばれるものである。それでも、国民が消費税を支払う時点で分かっているのは、社会保障分野以外には使わないことだけで、そのお金が医療や年金などに一体いくら使われるのかまで、決まっているわけではない。

　このことを政策論で言うと、「負担と給付の関係性」ということになる。95年勧告は、社会保険方式は「保険料の負担が全体として給付に結び付いている」とする。これに対し、税方式は負担と給付の間に予算編成という国や地方自治体の政策判断が介在する点で、直接の結び付きがない関係となる。このことがそんなに大きな違いだろうか、と思うかも知れないが、この違いが国民の意識に大きな影響を及ぼしているのである。

　負担と給付が直接結び付いているということは、国民からすれば、自分が払った保険料は、制度で約束されたとおりに使われなければならない。さらに言えば、自分が支払った保険料は、保険という仕組みを通じて、いずれ自分が必要となったら（保険事故が生じたら）、負担の見返りとして自分に還元されなければならない、ということになる。国民にとって、「給付がその負担に基づく権利として確定されている」とされる所以（ゆえん）である。

　一方、税方式では、最終的には国会や地方議会の審議を通じて決定されるものの、国民が支払った税の使い途は、基本的には国や地方自治体の責任で決められることとなる。

2000年に導入された介護保険は、こうした社会保険方式の特性を考える上で、格好の事例であった。

国民の意識が介護サービスを拡大させた

1980年代以降、日本では高齢化が急速に進展し、それに伴い高齢者介護が大きな社会問題となった。当時、介護が必要となった高齢者を支援する中心的な制度は、税方式の「措置制度」と呼ばれるものであった。ところが、介護に対するニーズが年々増加し、多くの人々が介護サービスを利用したいという要望が高まる中で、従来の制度が抱える構造的な問題が顕在化し、それを克服するために、社会保険方式の導入が決定されたのである。

構想の検討から制度導入までには6年に及ぶ期間が費やされ、その間、社会保険方式と税方式をめぐり様々な論議が交わされた。その中で紹介したいのは、今なお国民は、社会保険方式に対し、「給付がその負担に基づく権利として確定されている」という意識を強く有しているということである。

この時の議論は、医療や年金は社会保険方式が採用されたのに対して、高齢者福祉をはじめ社会福祉は、先ほどの「措置制度」をはじめとする税方式によって運営されてきた歴史的経緯を念頭に置いたものであった。

1994年に介護保険の基本構想をとりまとめた厚生省（当時）の「高齢者介護・自立支援システム研究会（座長、大森彌氏）」の報告では、社会福祉について、「その財源は基本的に租税を財源とする一般会計に依存しているため、財政的なコントロールが強くなりがちで、結果として予算の伸びは抑制される傾向が強い。我が国においては、社会保障給付費で見ても、医療と年金が9割を占め、福祉分野は低いシェアにとどまっているが、その背景の一つには、このような福祉制度自体の制度的な限界をあげることができる」とした。

事実、当時は高齢者福祉予算が厳しく抑制されていたため、利用できる介護サービスは少なく、介護施設に入所したり、在宅サービスを利用できる対象者も低所得者などに限られていたのである。

この研究会の委員であった岡本祐三氏は、もっとはっきりと社会保険方式と税方式のサービス拡大機能の違いを指摘した。1961年に国民皆保険が導入される際に新聞各紙が「保険あって医療なし」というキャンペーンを繰り返していた、という歴史的な事実を取り上げた上で、「高齢者福祉サービスのサービス供給量が圧倒的に足りないのは措置制度だったたからではないか。これに対し医療分野で相応のサービス体制が整備されてきたのは、社会保険の下で保険者の側も国保診療所を設置するなど供給量の整備に非常に努力をしてきたからである。日本の場合は保険料を払っているのに反対給付を受けられないのはおかしいということで、非常に強いサービスの供給整備の動機が働いた」と指摘した（介護保険制度史研究会編著『介護保険制度史』）。

この指摘のとおり、実際に2000年に介護保険が施行される際には「保険あってサービスなし」という懸念がマスコミで繰り返し示された。そして、それに背中を押されるかのように介護サービスの整備が急がれ、民間事業者の参入拡大も相まって、貧弱だった介護サービスは介護保険導入後、急激に拡大（利用者は15年間で3・2倍に拡大）し、期待どおり、国民のサービス利用が一気に広がったのである。

社会保険方式に対して国民が抱く、「負担と給付の関係性」に関する意識と、その下で発揮される「サービス拡大機能」が、国民皆保険から40年近く経った時点でもなお強いことが明らかになった事例であった。

個々のリスクに個別に対処する制度体系

このように日本の社会保障は、社会保険方式を中心に置いたことによって、大きく発展を遂げてきた。

国民が困窮するおそれのある疾病や負傷、老齢、失業、さらに最近では介護といったリスクに備える仕組みとして、各分野で社会保険が順次導入され、その結果、今日の社会保障の基本構造は、個々のリスクを個別の社会保険がカバーする制度体系となっている。こうした仕組みが、社会保険方式の特性である「負担と給付の関係性」をテコとして、各分野のサービス拡大をもたらし、国民生活の安定に大きな成果をあげてきたことは明らかである。

社会保障の規模を見ると、2015年の社会保障給付費総額は約114兆9000億円となっているが、そのうち年金が約54兆1000億円、医療保険（高齢者医療を含めて）が約35兆1000億円、介護保険が約9兆3000億円、雇用保険が約1兆8000億円、労災保険が約9000億円であり、これを合計すると約101兆2000億円に達する。これは、社会保障給付費全体の約88・1％にあたる。このように社会保険方式が、今日に至るまで日本の社会保障を牽引してきたことは間違いない。

ただし、一方では、こうした個々のリスクに個別に対処するという、我が国の社会保障の制度体系ゆえに生じた課題も多い。その点については、後ほど取り上げる。

2 国民皆保険・皆年金――「二元的構造」と国庫負担

国民皆保険・皆年金という大事業

社会保険方式を中心とする制度体系を、社会保障の基本構造の「縦糸」とすると、「横糸」は、国民皆保険・皆年金における「二元的構造」である。以下、これについて説明する。

1961年に導入された国民皆保険・皆年金は、社会保険方式を医療と年金の分野において、すべての国民に広げていくものであった。これは、日本の社会保障の根幹と言える仕組みで、現在もなお国民生活の安心のかなりの部分がこれに依っている。しかし、それゆえに政府は、国民皆保険・皆年金の設計と維持運営に長年にわたって苦労を重ねることとなった。それは、社会保障の政策論から見れば、様々な無理を重ねた上に、ようやく成り立つ仕組みだったからである。

企業などの被用者については、戦前から健康保険や厚生年金保険などの社会保険（以下「職域保険」）が導入され、労使の間で定着してきた歴史があった。これに対して、農業者や自営業者などの非被用者、零細企業の被用者の状況は、全く異なっていた。

農業者などを対象とした国保は1938年に導入され、第二次大戦中に拡大が図られたものの、戦後は崩壊の危機に瀕していた。このため、1956年当時、医療保険によってカバーされていない国民は約3000万人にものぼっていた。このような人々は、病気になると医療費や収入減少によって、たちまち生活困窮に陥るような状況であった。さらに年金は、農業者や自営業者をカバーする制度は存在すらしておらず、戦後、家族や相続をめぐる法制度や意識が大きく変わる中で、年金のない老後生活に対する高齢者の不安は、大きな社会問題となっていた。

国民皆保険・皆年金は、こうした状況下で、医療保険と年金をすべての国民にまで行き渡らせようという構想であった。いかに大事業であるかは、容易に想像がつくであろう。アメリカでは、長らく国民すべてをカバーする公的な医療保険が存在せず、約4800万人とも言われている無保険者の存在が大きな社会問題となってきた。オバマ前政権において懸案の医療保険制度改革（オバマケア）がようやく実現したが、トランプ政権下において、今なお様々な政治的な動きが見られる。日本とアメリカを同一視することはできないが、国民皆保険・皆年金の実現が、戦後日本の最も大きな政治決断の一つであったことは間違いない。

「二元的構造」という選択

国民皆保険・皆年金の実現には、政治的に様々な障害があったが、制度設計も困難を極めた。

すでに一部で実施されていた職域保険を、そのまま無保険の人々まで適用拡大することができれば、それに越したことはない。しかし、現実には不可能に近かった。

例えば、職域保険の場合は、事業主負担と言って企業から費用の半分が拠出されているが、それはあくまでも自分の企業や業界に働く被用者だからである。企業に対して、直接関係のない農業者や自営業者についての負担を求めることはできない。さらに、被用者とそれ以外の者の所得構造が大きく異なっており、所得把握の格差があることも大きな問題であった。社会保険の保険料負担額は、加入者の所得に応じて決定される「応能負担」と呼ばれる基本原則に依っている。加入者の所得把握が公平になされないと、同じ保険集団のメンバーとして公平な負担を設定することが困難となるのである。

このような難問が横たわる中で、国民皆保険・皆年金の実現のために採られた方策は、それまでの職域保険は維持したまま、それに加入していない人々を対象に、国保の適用拡大と国民年金の創設を図るというものであった。

理想論から言えば、「全国一本」の社会保険を新たに作り、全国民をカバーすることがベストであるが、現実的な選択として可能であったのは、この二本建てという「二元的構造」であった。

この政策選択については、医療保険と年金では若干様相が異なった。医療保険については、早い時点から有識者や政府、関係団体は、二本建ての構造で意見が一致していた。制度審の1950年勧告も「医療、出産及び葬祭に対する保険制度は、現在の日本では、これを被用者に対する保険と一般国民に対する保険とに区別して取扱うことは止むを得ない。従って、被用者とその他の国民につき保険経営を分ち、被用者の家族は被用者保険において取扱うこととした」とした。これには、被用者を対象とする健康保険と被用者以外の国保という二つの制度がすでに存在し、一定の実績をあげていたことが大きかったと言える。

これに対して、当時、被用者を対象とする厚生年金保険など以外に公的年金制度が存在しなかった年金の場合には、新たに創設する国民年金の適用範囲をどうするかという点で意見の対立が見られた。国民年金を厚生年金保険などの未適用者のみに適用するという意見と、厚生年金保険加入者なども含めてすべての国民に適用するという意見である。後者の意見は「二重加入案」と呼ばれ、国民年金は厚生年金保険などの基礎的な部分にあたるものとすべきと考えられていた。結局、時間的余裕がない中で皆年金の実現が最優先され、調整が比較的容易と考えられた前者の案が採用された。年金も、二本建ての構造でスタートすることとなったのである。

ただし、後者の考え方は25年後の1985年に制度化された基礎年金につながった。これにより、年金制度は「二本建て」から「二階建て」へと構造が変わったが、実質的には、被用者とそれ以外で保険料や給付が異なる「二元的構造」であることには変わりなかった。

国民皆保険・皆年金は、高度経済成長が始まる１９６０年代に導入され、その後１９９０年代に至るまで、安定的な雇用に支えられて発展を遂げてきた。

この間は、日本の完全失業率は１～２％で推移し、「終身雇用」「年功賃金」「企業別労働組合」という日本型雇用慣行が定着していく中で、一旦企業に正社員として採用されたら、安定的な雇用が確保され、それと連動する形で健康保険や厚生年金保険も保障されてきた。さらに、終身雇用を前提として企業内での人材能力開発にも力が注がれた。

こうした日本の企業と従業員の関係は、「相互依存関係」と呼ばれている。企業は、従業員に対して、安定的な雇用や生活の確保、さらにはキャリア形成について大きな権限と責任を有し、従業員と家族の生活全般を支援する。これに応える形で、従業員は企業に高い忠誠心を持つとともに、仕事を通じて企業に貢献する、という関係である。健康保険などの職域保険は、こうした企業と従業員の間の強固な「つながり」の中に組み込まれる形で、従業員の生活を保障していく機能を果たしていった。

このようなライフスタイルの下では、定年まで一つの企業で勤務し続けることが基本となり、社会保険の「制度間移動」は、基本的には若年期の就職時と定年による退職時に限られる。しかも、就職時には企業側の雇用意欲の高さによって、また退職時は現役時代に積み上げてきた貯蓄や退職金制度によって、制度間移動の時に谷間に落ち込むような事態は防がれてきた。日本の雇用システムは、このようにして二元的構造の下での国民皆保険・皆年金を支えてきたのである。

制度間格差への対応

こうした経緯で導入された「二元的構造」であったが、この仕組みを成立させ、維持していくためには、様々な制度的な対応が必要とされた。その中でも最大の方策が、国保や国民年金（基礎年金）を中心とする国庫（税）の投入であった。

背景の一つには、被用者を対象とする職域保険とそれ以外の保険の間の格差があった。当時の農民や自営業者などの所得水準は、被用者に比べて格段に低く、職域保険の事業主負担に相当する分も合わせた保険料全額を負担できる状況になかった。さらに、両者の間には社会保険の給付水準も大きな格差があった。国保は、皆保険導入当時の給付率（保険が支払う割合）は5割に過ぎず、被用者本人の給付率10割が過半であった職域保険との格差は大きかった。

政府は、こうした負担能力と給付の格差問題に悩まされ続け、その解消に向けた措置を順次講じていった。給付率については、１９６６年に7割に引き上げられるなど、年を追って改善措置が講じられたが、こうした給付改善に伴い、医療費は増加し、国保財政は悪化していった。支出の急増に対処するためには、保険料を大幅に引き上げる必要があるが、低所得者の多い国保にはそれに耐えられるだけの負担能力がない。このため、財政対策として国庫負担の拡大を求める声が強まっていった。その結果、国庫負担は、国民皆保険導入時には医療費の25％に相当する額だったが、1962年以降負担割合が引き上げられ、1966年には45％になったのである。職域保険の中でも、中小企業の従業員を対象としている政府管掌健康保険（現在の「協会けんぽ」）については、負担能力が弱いことから一定の国庫補助が行われてきた。

一方、国民年金の方も、皆年金導入時から、福祉年金という無拠出の年金（保険料の拠出がなく、全額国費を充てる年金）が導入されたほか、加入者が保険料を拠出する拠出制国民年金にも保険料総額の3分の1の国庫負担が組み込まれていた。その後、国民年金は、厚生年金の給付水準の引き上げに追随する形で、給付改善が進められた。1965年には厚生年金の1万円年金が実現した後、1966年に国民年金の夫婦1万円年金が実現し、さらに1973年には、厚生年金の5万円年金と国民年金の夫婦5万円年金が共に実現し、年金給付額の「物価スライド制」も導入された。こうした給付改善に伴い、国庫負担額も増大していった。年金においては、制度創設時から厚生年金保険などに対しても一定の国庫負担が行われていたが、1985年の年金制度改正で基礎年金が導入されたことに伴い、国庫負担は基礎年金の3分の1に統一され、その後2分の1に引き上げられた。

国保における高齢者の増大

こうした制度間格差に加えて、国保は、別の構造的な問題を抱えていた。それは、人口の高齢化につれて、国保加入者における高齢者の割合が急速に高まったことである。日本全体が高齢化したのだから、何も問題は国保だけに限らないではないか。そう思う人もいるかも知れないが、国保には特有の背景があった。

その一つが、若壮年期は健康保険などの職域保険に加入し、退職後は国保に加入する仕組みとなっていることである。これにより、健康保険などの加入者であったサラリーマンが、退職後に国保に大量に流入し、国保の中で高齢者が急増していった。退職者数の増大だけではない。平均寿命が60歳代であった1961年当時に比べて、退職後の老後期間が長期化していったことも、国保の高齢者割合を高める要因となった。こうした現象は、日本の社会保障の「二元的構造」ゆえに生ずるものであった。同じく社会保険方式を採用しているフランスでは、企業の従業員は退職後も職域保険にとどまり続けるし、現在のドイツでは、企業の退職者を含め加入者は、職域の企業疾病金庫や地域疾病金庫などを選択して加入できる仕組みとなっている。

もう一つは、主として地方の国保に関する問題であるが、若年層や壮年層が大都市圏に大量に流出し、その結果として、国保における高齢者割合が急速に高まったことである。さらに、農林水産業などの第一次産業を支える若い世代が、第二次、三次産業へ移行する産業構造の転換も、国保の高齢化に拍車をかけた。こうした結果、かつて自営業者や農民が7割近くを占めていた国保は、今や「無職」に分類される高齢者が過半を占める状況となっている。

一般に、高齢者は若年・壮年層より受療率が高く、１人あたりの医療費も高くなる。一方、保険料の負担能力は一般的には低いため、高齢者割合の上昇に伴い国保財政が悪化するのは当然であった。さらに、１９７３年に導入された「老人医療費無料化」を契機として、高齢者医療費は急激に増加し、その後も、高齢化に伴い医療費は増大し続けた。この課題にいかに対処するか。高齢化が著しい日本では、高齢者医療費をめぐる問題が、国庫負担の投入を含めて、長年にわたって医療保険の最重要テーマであり続けた。

このため、１９８２年に老人医療費を、職域保険を含めた各医療保険者や国、地方公共団体が公平に負担し合う「老人保健制度」が、また１９８４年に「退職者医療制度」が創設され、さらに、２００８年には、75歳以上の後期高齢者の医療を、市町村が参加する都道府県単位の広域連合によって運営する「後期高齢者医療制度」が導入された。今後も当分の間は高齢者の増大が予測される中で、高齢者医療費の問題は、日本の社会保障の重要な課題として問われ続けることとなる。

社会保障の財源構成

このような経緯の中で、社会保障を担当する厚生省（厚生労働省）と財政を担当する大蔵省（財務省）の間で激しい折衝が繰り返されたのが、国庫負担をめぐる問題であった。そして、関係者間の長く複雑な調整の結果、今日では、国保や基礎年金は、給付費の半分を国や地方自治体の公費（税）によってまかなう枠組みが形作られた。このほかに介護保険や後期高齢者医療制度においても、保険料と公費が分担し合う枠組みが導入され、職域保険以外の社会保険の財源構成として定着していった。こうした結果、日本の社会保障は、全体で見ると、保険料と公費（税）が6対4の割合で支え合う状況となっている。

これまで、日本の社会保障は社会保険方式を中心としていると述べてきたので、現実の財源構成において、公費（税）が4割にも達していることに違和感を抱くかも知れない。社会保障の専門家の中には、このことをもって、日本の社会保障を社会保険と税の「混合方式」と位置付ける意見もある。しかし、社会保障の基本構造という点では、やはり日本は社会保険方式が中心となっていると考えるべきである。

図2－1は、社会保障の各制度における財源構成を示したものである。制度ごとの面積は、

財政規模の大きさを示している。この図をよく見るといくつかの特徴的な事実が分かってくる。まず、国庫の投入先としては、税方式が採用されている生活保護などの費用に充てられている部分（図のA）よりは、Bの部分に対する投入の方がはるかに大きいことである。Bの部分は、基礎年金、国保、後期高齢者医療、介護保険であり、社会保険の分野である。さらに、右のCの部分、これは、社会保険のうち厚生年金保険や健康保険などの職域保険と呼ばれる分野であるが、この部分は、一部（協会けんぽ等）を除き国庫はほとんど投入されておらず、ほぼ保険料だけで運営されている。

つまり、税の投入が全体で4割にのぼっていると言っても、その内実は、税方式の費用としてよりは社会保険に対する補助の方が大きいこと、さらに、職域保険という社会保障の大きな領域はほぼ完全な社会保険方式によって運営されていることが分かる。この点から見て、我が国の社会保障は、あくまでも社会保険方式が中心となっていると言えよう。

国家財政を左右する社会保障

このように国庫をはじめとする公費（税）は、まさに日本の社会保障の根幹である国民皆保険・皆年金を維持していくために、その最も弱い部分を補完する支えとして投入されている。このため、国庫負担の財源が適切に確保されないと、社会保障の根幹が揺らぎかねない。

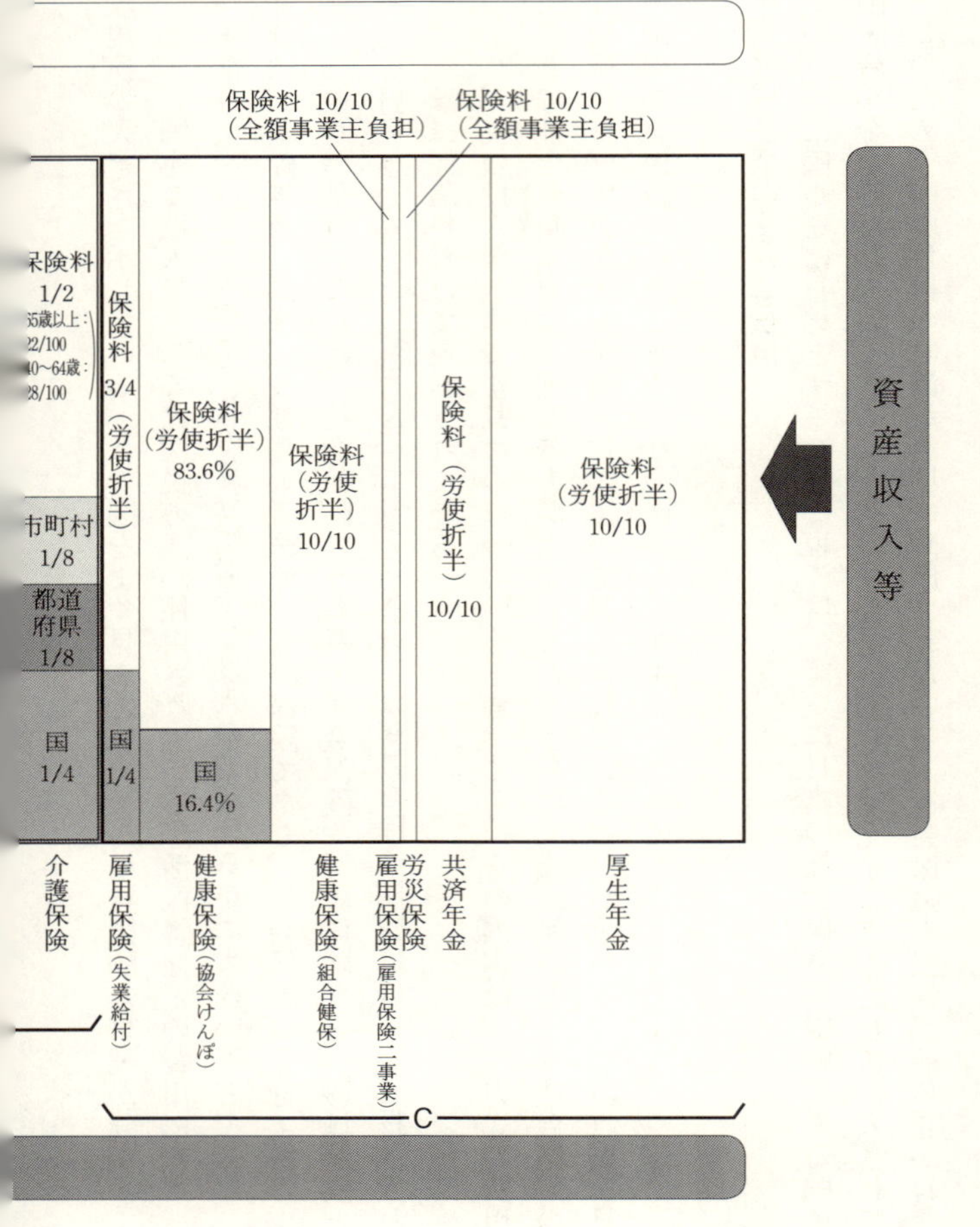

保険料 10/10
（全額事業主負担）
保険料 10/10
（全額事業主負担）
1/2
22/100
28/100
保険料
3/4
（労使折半）
保険料
（労使折半）
83.6%
保険料
（労使折半）
10/10
保険料
（労使折半）
10/10
保険料
（労使折半）
10/10
資産収入等
1/8
都道府県
1/8
国
1/4
国
1/4
国
16.4%
介護保険
雇用保険（失業給付）
健康保険（協会けんぽ）
健康保険（組合健保）
雇用保険（雇用保険二事業）
労災保険
共済年金
厚生年金
C

図2－1　社会保障財源の全体像（イメージ）

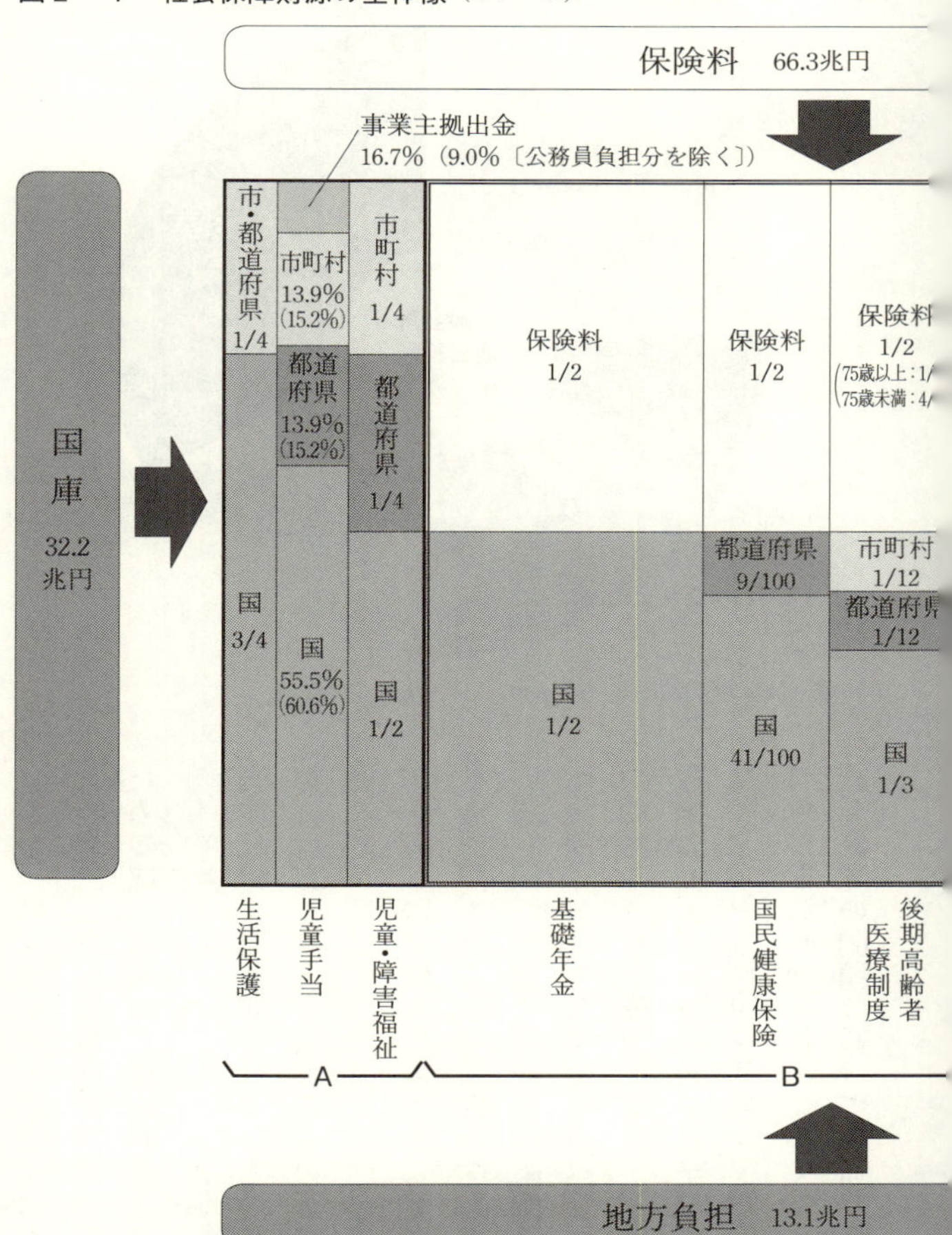

（資料）厚生労働省資料をもとに筆者作成
（注）平成28年度当初予算ベース

図２－２　2017年度予算の概要

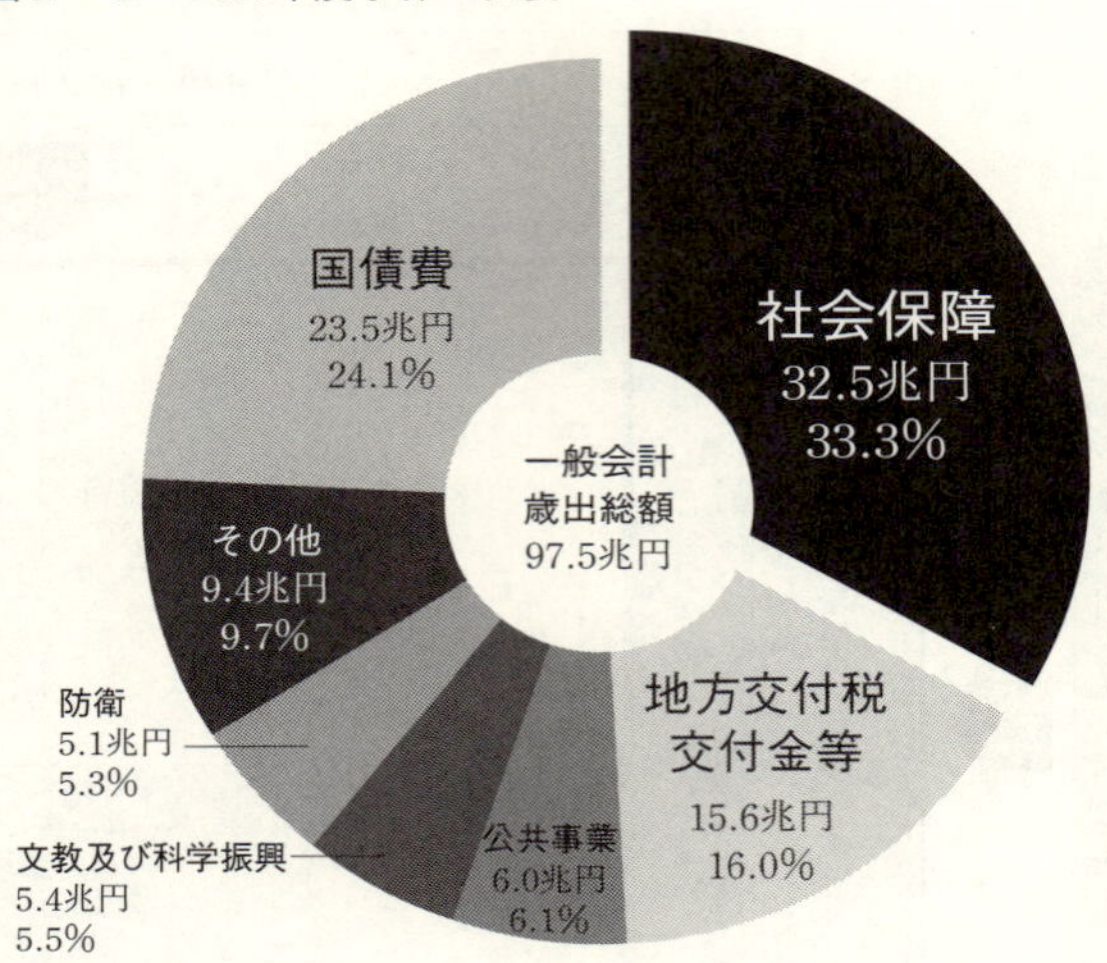

（資料）財務省「これからの日本のために財政を考える」

しかも、第３章や第４章で述べるような社会的孤立への対応や子育て支援のための取り組みは、税を財源としているものが多い。こうした点において、国庫負担の財源問題は、日本の社会保障の行方を直接左右するものとなっている。

一方、国家財政の観点から見ても、社会保障の行方は重大な意味を持っている。国が支出する社会保障関係予算総額は、２０１７年度予算ベースでは約32兆５０００億円に達し、一般会計歳出の33・３％を占めるに至っている（図２－２）。巨額の財政赤字を抱える日本が財政再建を進めていくためには、社会保障の問題は避けては通れない課題となっている。

近年、社会保障と税制の両者を一体で改革しようとする「社会保障・税一体改革」と呼ばれる改革が提起されているのは、このように我が国の社会保障の財政構造が、社会保険料と税（国庫負担など）の両方によって支えられているとともに、社会保障関係の国庫負担が、国家財政の中で大きな割合を占め、財政赤字の大きな要因となっていることが、その背景にある。

3　日本の社会保障に生じている課題

二元的構造が持つ危うさ

以上述べてきたように、日本の社会保障は、「自立」と「社会連帯」を基本理念とし、社会保険方式を中心としながら、国民皆保険・皆年金の実現を通じて、今日まで発展を遂げてきた。このことが、国民生活の安定に大きな成果をあげてきたことは間違いない。一方で、制度面で様々な限界を抱えており、それゆえに、第1章で述べたように日本社会が大きく変容する中で、基本構造に関わる課題が生じている。

第一は、国民皆保険・皆年金を支えてきた「二元的構造」から生ずる課題である。

現在の仕組みでは、国民は勤め人か否かによって、適用される社会保険が大きく異なっている。正規雇用として働いていれば、健康保険・厚生年金保険・雇用保険の職域保険がフルセットで適用されるが、そうでない場合は、基本的にすべて対象外となる。これは、日本の社会保障が雇用と強く結び付き、それをベースにした「二元的構造」が採られてきたからである。

このような仕組みの下では、雇用関係は、労働供給と賃金支払にとどまらず、社会保険の適用という点でも大きな影響を及ぼすこととなる。このことは、働く側だけでなく、企業側の経営についてもあてはまる。正規雇用か非正規雇用かによって、職域保険の事業主負担の有無が決まる場合が多いからである。赤字の場合には課されない法人税などと違って、社会保険の事業主負担は、赤字・黒字を問わず支払わなければならず、企業にとって負担感がより強い面がある。実際に、第1章で述べたように、社会保険の事業主負担がない非正規雇用が増加していった背景には、企業側のこうした意向も働いていた。

二元的構造の下で、企業側がコスト削減のために非正規化を進めると、従業員は必然的に職域保険から「排除」され、国保や国民年金に押し出され、または取り残される形となる。2014年における職域保険の適用状況（厚生労働省調査）を見ると、正規雇用は、ほとんどが職域保険の適用を受けているのに対して、非正規雇用の場合は、健康保険は45・3%が、厚生年金保険は48・0％が対象外とされ、これらの人々は、国保や国民年金に加入することとなっている。こうした動きが、それまで進行してきた産業構造の変化と相まった結果、従来は農業者や自営業者が主力であった国保や国民年金の加入者状況は大きく変化した。国保の2015年度実績では「被用者」の割合が34・1％、高齢者を含む「無業者」が44・1％となっており、国民年金（第一号被保険者）は、2013年の状況では「会社員・公務員」が32・8％、「非就業者・不詳」が34・1％となっている。

非正規雇用の被用者や失業者、無業者は、国保が当初から対象者として想定してきた農業者や自営業者と異なり、地域との「つながり」は一般に弱い。非正規雇用の被用者は、日常はあくまでも企業で働いており、地域とつながる機会は少なく、就労先が変わるたびに住所変更を繰り返すような場合も見られる。失業者や無業者も、地域において強いつながりを持っているケースは少ない。こうした人々をどのように受け止めていくのかが、社会保障において大きな課題となっている。

「縦割り・横並び」の制度体系

第二は、社会保障の基本構造が、個々のリスクを個別の社会保険がカバーする制度体系となっていることから生じる課題である。

社会保険は、一定の保険集団を設定し、その集団に加入する人が助け合う仕組みである。このため、制度設計上、保険集団をどう設定するか、つまり加入者をどういう範囲とするかを明確に決める必要がある。したがって、個々のリスクに対して個別に対処する制度体系の下では、保険の対象者もカバーするリスクの範囲も個別の制度ごとに定められることとなり、結果として「縦割り」の色彩が強まる。

と同時に、一つの制度内では、給付やサービスの内容は全国一律の「横並び」となっていく。これは、保険としての「収支均衡」や全国へのサービス普及を考慮すると、支出にあたる給付やサービスは、できる限り一律の規格に即したものとすることが、制度上要請されるためである。

こうした「縦割り・横並び」の仕組みが作られてきた結果、人によっては制度の「谷間」に陥ったり、定型的でないニーズは制度ではカバーされないような事態が生じる。また、保険料を納付しない未納者には制度上、給付は行われない。

特に、第1章で述べたように、今日、社会的孤立や格差、貧困など多くのリスクが連鎖し、その中でリスクを複数抱える個人や家庭が増加している状況に対しては、「縦割り・横並び」の制度体系では適切に対応できない。各制度間での調整がうまくいかず、サービスがバラバラに提供されたり、社会的孤立を深めている人に対してセーフティネットとしての機能が十分に発揮できないようなケースが見られる。後ほど述べるが、制度の間の「連携」やサービスの「包括化」、一方での「多様化」が常に問われているのは、このように日本の社会保障が「縦割り・横並び」となっていることが、大きな要因となっている。

「子育て支援分野」の立ち遅れ

第三は、社会保険のサービス拡大機能と裏腹とも言えるが、社会保険化された分野とそうでない分野で、給付や財政の面で大きな格差が生じていることである。

社会保険方式を中心にしてきた背景の一つとして、先に紹介した制度審の95年勧告は、「社会保険は、その保険料の負担が全体として給付に結び付いていることからその負担について国民の同意を得やすい」ことをあげている。つまり、社会保険方式が導入された分野（例えば、介護保険）では、費用負担について国民の理解が比較的得やすく、その結果、サービスは拡大しやすいが、社会保険の論理が成立しづらい分野は、サービスの拡大がなかなか進まないことになる。

政策論として社会保険化が可能かどうかは、様々な角度から検討されるが、その際に重要な要素の一つとしてあげられるのが、リスクの「普遍性」という視点である。人々が抱えているリスクは多様だが、社会保険化の対象とされるには、そのリスクが誰にでも起こり得る

図2－3　家族関係社会支出の対GDP比の比較

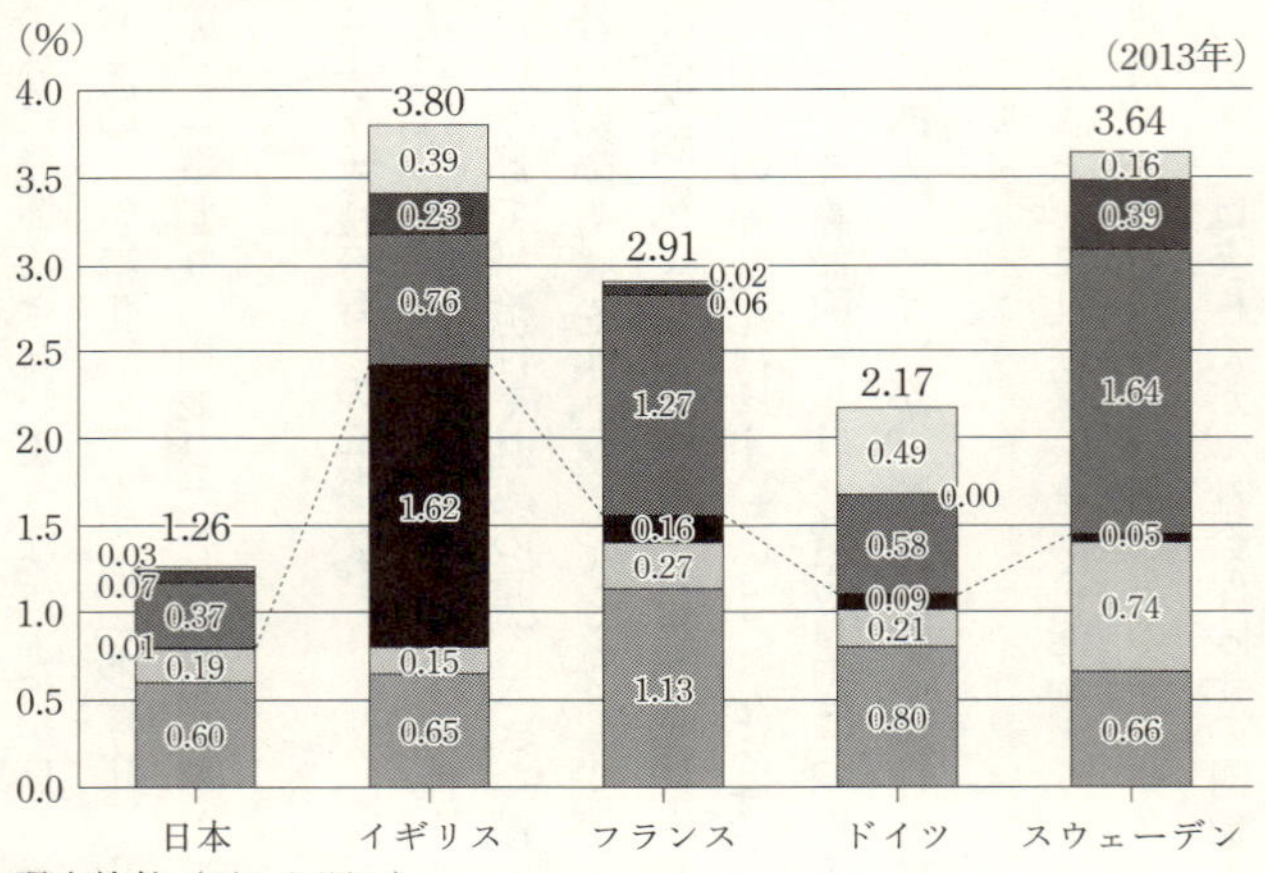

現金給付（下から順に）

■家族手当　■出産・育児休業給付　■その他の現金給付

現物給付

■就学前教育・保育　■ホームヘルプ・施設　□その他の現物給付

（資料）OECD "Social Expenditure Databese"（2017年6月取得データ、http://www.oecd.org/social/expenditure.htm）

（注）上記データベースから得られる現金給付及び現物給付別の対GDP比を、同データベースの現地通貨による各給付別内訳で按分して作成

ような普遍性の高いものであることが求められる。そうなると、対象となる人が限られていたり、定型的でないリスクは、社会保険の対象外となりがちである。

この点、世界に先立って長寿化が進んできた日本では、高齢期における生活リスクにどう対応するかが、これまで国民全体に共通した最重要課題とされてきた。このため、高齢期を中心とする支援施策として、年金や医療、介護について社会保険方式が導入され、その充実が図られてきた。

その結果、現在の日本の社会保障は、高齢期の支援が中心となっている。これに対して大きく立ち遅れている分野が、税方式を基本としている「子育て支援施策」である。図２－３は、主要国の家族関係社会支出の対ＧＤＰ比（２０１３年）を示したものである。全体の割合で見ると、日本は１・26％と、イギリス（３・80％）やスウェーデン（３・64％）、フランス（２・91％）に比べると半分にも満たない。

最近、子育て支援をめぐって「こども保険」の導入が提案されているが、その根底には、年金、医療、介護などのように安定的な財源を確保していくためには、子育て支援についても、社会保険を導入すべきではないかという基本認識があると言える。

この子育て支援施策をめぐる課題は、人口減少時代において最も優先度が高いものの一つであり、第４章において、「全世代型」の社会保障への転換というテーマで詳しく取り上げる。

費用の「支え合い構造」の限界

第四は、人口減少時代において、将来にわたって社会保障費用をどのように支えていくかということである。

人口減少は、若年層をはじめ現役世代の急激な減少をもたらし、社会保障費用の「支え合い構造」をめぐる環境も大きく変えていく。この変化にいかに適切に対応するかが、社会保障の今後の大きな課題となる。先ほど述べたように、子育て支援を強化することによって、社会保障を支える次世代の減少をできる限り食い止めていく努力が必要なことは明らかであるが、それだけでは十分とは言えない。社会保障における「支え合い構造」が限界に達する前に、支え合いの構造自体も大きく転換させ、人口減少から来る衝撃を和らげる対応を同時に行っていく必要がある。この問題について、以下説明する。

まず、社会保障費用の「支え合い構造」はどのようになっているかを見てみよう。

社会保障費用としては、当然ながら年金、医療保険、介護保険といった社会保険が中心となる。社会保険は、公費の部分を除くと保険料収入によってまかなわれているが、この保険料は、大きく見ると「世代間」の支え合いと「世代内」の支え合いの二つの性格を有している。「世代間」の支え合いとは、高齢者世代を現役世代（若壮年層）が保険料によって支えることである。これに対して、「世代内」の支え合いは、病気などのリスクを負った人を、そうでない人々も含めて、同じ世代内（もしくは同じ保険集団内）の全員で保険料を出して支え合うという意味で用いている。「世代間」の支え合いの典型例としては、年金があげられる。年金は、保険料を支払うのは原則として20歳から60歳未満の現役世代であり、高齢者は保険料を支払うことはない。高齢者が受け取る年金給付は、国庫負担や積立金の運用収入を除くと、現役世代が拠出する保険料で支えられている。一方、医療保険や介護保険は、高齢者も含め、給付を受けることができる人全員が保険料を支払う点で、「世代内」の支え合いの要素を有している。ただし、これらの保険も実際に医療や介護サービスを使うのは、高齢者の方が若壮年層より多い（高齢者の方が1人あたりの医療費用や介護費用が多い）ので、実質的には「世代間」の支え合いの色彩が強いと言える。

社会保障は「自立」と「社会連帯」を基本理念としていると述べたが、この「社会連帯」は、「世代間」と「世代内」の支え合いの両方を視野に置いている。そして、社会保険が安定的に運営されていくためには、保険料負担が一部の個人や一部の世代に過度に集中することがないように、公平に支え合うことが重要となる。

その点で、これまで我が国では、増加する高齢者を社会で支えるという観点から、「世代間」の支え合いが強調されてきた。しかし、人口減少時代には、「世代間」の支え合いには限界が生じる。若い世代が先行して減少していくため、これまでのように「世代間」の支え合いに重点を置いていると、現役世代の負担が急激に高まりかねないからである。こうした懸念を払拭し、世代間の対立を避けるためには、今後は「世代間」の支え合いのウェイトを下げ、「世代内」の支え合いを強めていくことが必要となる。

年金をめぐる課題

実は、現在の年金や医療保険、介護保険の制度には、高齢化率の上昇が現役世代の負担に与える影響を制度的に調整するシステム、つまり、「世代間」と「世代内」の支え合いの間のバランス調整を行うシステムがすでにビルトインされている。

まず、年金について説明する。

年金の場合は、2004年の制度改正によって、現役世代が払う年金保険料について引き上げスケジュールと上限を設定する仕組みが導入された。これによって現役世代が支払う保険料は、最終的には厚生年金保険は18・3%の料率で、国民年金は1万6900円(2004年度価格)で固定されることとなり、厚生年金保険は2017年9月に、国年は2018年4月にこの上限に達する。加えて、「マクロ経済スライド」と呼ばれる仕組みが導入されている。この仕組みは、高齢者に支払われる年金額は、通常、賃金や物価の伸び率を用いた改定率によって算出されるが、マクロ経済スライドが適用されている期間中は、年金制度を支える現役世代人口(被保険者数)の減少率などに基づいた「スライド調整率」を差し引いた率で改定するというものである。

分かりやすく言えば、今後人口減少や高齢化がいくら進んでも、若い世代をはじめ現役世代が支払う保険料水準は変わらず(国民年金の保険料は賃金上昇率による改定はある)、そして、年金給付はこの固定された保険料などの財源の範囲内で行われていくこととなる。これによって、「世代間」の支え合いに歯止めがかかり、現役世代の負担が高まる事態は避けられ、年金の制度としての安定性は格段に高まることとなった。

ただし、一方で、高齢期の生活保障という観点から、年金給付水準を確保していくために、様々な対応が重要となってくる。名目で一定の経済成長が確保されることが重要であり、当然のことながら、出生率の上昇は、将来の給付水準確保に大いに資するため、後述する子育て支援施策の充実は、年金の観点からも必要性が高い。

医療保険、介護保険をめぐる課題

一方、医療保険や介護保険の分野では、高齢化率の上昇に応じて、高齢者世代と現役世代の間で支払う保険料総額の割合が調整される仕組みが組み込まれている。

医療保険や介護保険は、年金と違って高齢者自身も保険料を支払う。前記の仕組みによって、例えば、高齢者世代が支払う保険料総額の割合が高まれば高まるほど、高齢者を現役世代が支える「世代間」の支え合い機能は低下し、逆に、高齢者の「世代内」の支え合い機能が高まることとなる。

介護保険の例で説明しよう。図2－4は、介護費用の全体を誰が負担するかという負担割

図２－４　介護保険の財源構成と規模（2016年度予算ベース）

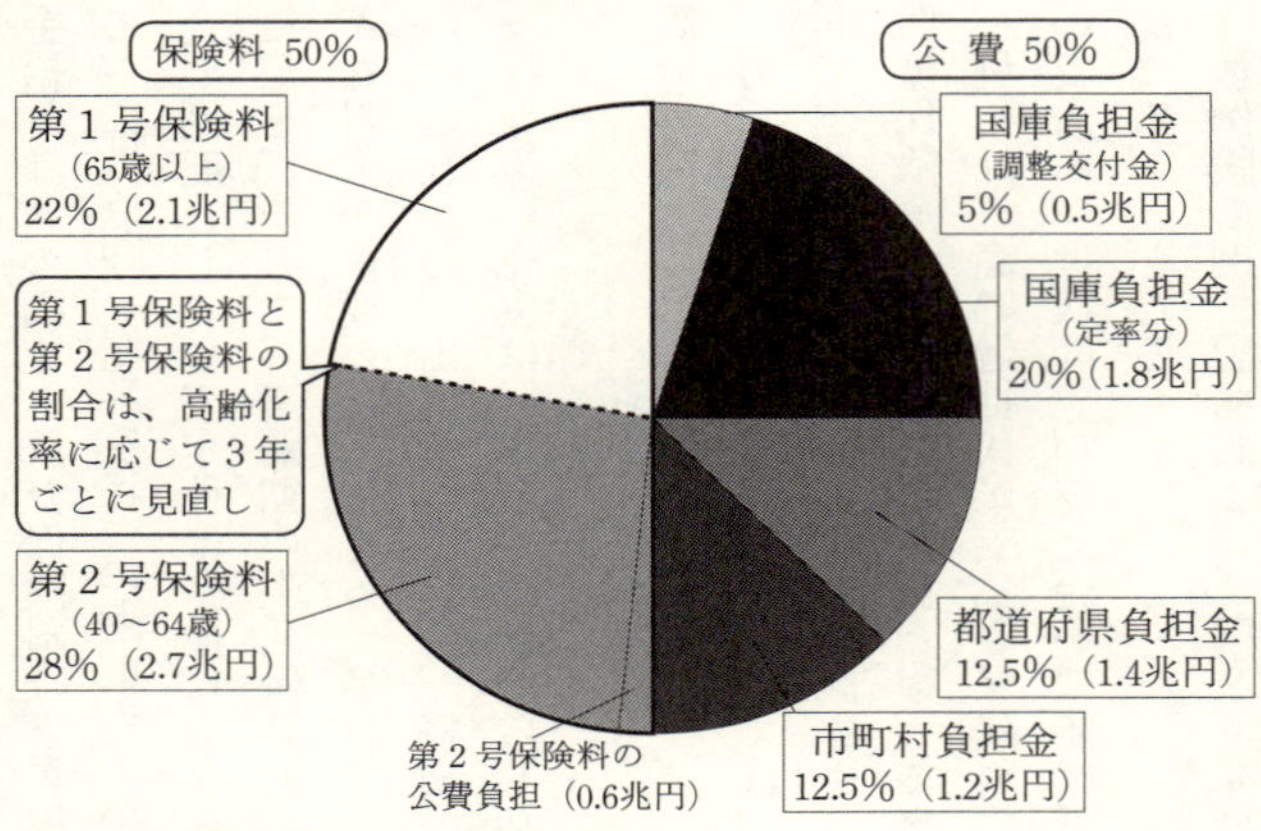

（資料）厚生労働省資料をもとに筆者作成

合を示したものであるが、費用全体のうち50%は公費（国と地方自治体の税金）で負担し、残り50%は保険料で負担する構造となっている。そして、その保険料負担部分は、65歳以上の高齢者（第一号被保険者）と40～64歳の現役世代（第二号被保険者）が、負担を分かち合う仕組みである。現時点（２０１５～２０１７年度）は、第一号被保険者が介護費用全体の22%、第二号被保険者が28%を負担し合っているが、この両者の負担割合は、第一号被保険者と第二号被保険者の１人あたりの保険料額が同額になるよう、高齢化率に応じて３年ごとに見直される。高齢化がさらに進み、第一号被保険者数が増えると、第一号被保険者が負担する割合が高まり、第一号と第二号のバランスが確保される仕組みである。

筆者が介護保険の立案に携わっていた時、介護保険は、高齢化が進むと現役世代の負担がどんどん重くなり、負担し切れなくなるのではないかという意見が各界から出された。この懸念に対応するために編み出されたのが、この負担調整システムである。当時の関係者は、高齢化率の上昇に伴い負担割合が自動的に変わっていき、現役世代の保険料にしわ寄せがいかないようにするという趣旨から、「自動安定装置」と呼んでいた。医療保険でも、後期高齢者医療制度が導入され、介護保険ほど明確ではないが、高齢化率の上昇に伴い、一定範囲で高齢者世代の負担が増える仕組みとなっている（なお、現在は、後期高齢者の保険料について軽減特例の措置が講じられているが、順次、見直しが行われている）。

ただし、いくら公平に負担し合うと言っても、医療費や介護費が過度に増え続けるような事態は避けなければならない。そうしないと、世代間にせよ世代内にせよ、社会全体で費用を支え切れなくなってしまう。

その点で、医療保険や介護保険では、社会保険の給付が権利的な性格を有しているゆえに、利用者の過剰・不当なサービス利用を引き起こすおそれがあること（これを「モラルハザード」と呼んでいる）が指摘されている。無駄な費用を徹底的に排除する努力が欠かせない。また、医療保険の場合は、人口に関わる要因とともに、医療技術の進歩など医療内容の高度化という医療費増加要因もある。こうした課題への対応が、制度の持続可能性を高めるために必要となる。

「高齢者世代内」の支え合い強化へ——「生涯現役社会」の実現

以上述べたように、「世代間」と「世代内」のバランスを調整していくと、次に重要となるのは、「世代内」の支え合いの強化である。「世代内」の支え合いという点では高齢者世代も現役世代も同様であるが、「世代間」の支え合いのウェイトを下げていく局面では、「高齢者世代内」の支え合いをいかに強化していくかが特に重要となる。

そのカギを握るのが高齢期における就労である。

社会保険をはじめとする社会保障は、人と人の支え合いであり、ひとりの人生においても、ある場面では「支える側」になったり、他のある場面では「支えられる側」になったりすることで成り立っている。そうである以上、「支え手」となる人や「支え手」になる期間を増やしていくことは、社会保障の財政安定化に大きな意義を持つ。人口減少時代には、高齢になっても健康を維持し、自らの意欲や能力に応じて就労し、収入を得るような高齢者が増え、その人々が同じ世代の高齢者をはじめ社会の「支え手」として活動できるような「生涯現役社会」の実現を目指すことが重要である。

このため、高齢者就労を促進する取り組みを強化する必要がある。制度面では、高齢者雇用制度の充実のほか、年金などにおいて高齢者就労を阻害している制度の見直しを進めることが重要となる。特に、高齢者が働いていると、年金額の一部または全額が停止される「在職老齢年金」の見直しが課題となる。この制度では、例えば、65歳以上で就労していると、基礎年金は全額支給されるが、厚生年金（報酬比例部分）の年金月額と賃金（ボーナス込み月収）の合計が月額46万円を上回ると、その上回った分の2分の1に相当する額の年金が支給停止される。このため、高齢者は支給停止を避けようと、フルタイムで働きたいのに短時間のパートタイム労働を選択するようなケースが想定される。高齢者の就労促進を図る観点から、こうした制度は撤廃し、就労しても年金額が満額支払われるようにすべき時期にあると考えられる。

高齢者の就労は、人口減少時代における「労働力人口」の減少という課題への対応としても重要である。仮に出生率が回復しても、それが生産年齢人口の減少を食い止めるまでには、相当な期間がかかる。こうした状況下で、経済成長を続けていくためには、生産性の向上に加えて、潜在的に能力を有する人材ができる限り労働参加することが必須となる。ポイントは、女性であり、高齢者である。その中でも今後人口の4割近くまで占めることが予測されている高齢者に対する期待は大きい。

以上述べたように、人口減少時代には、「世代間」と「世代内」の支え合いのバランスを調整するとともに、「高齢者世代内」の支え合いを強化していくことが重要である。こうした取り組みが目指す基本方向は、「全世代型」の社会保障への転換であり、これについては第4章において改めて取り上げる。

本章では、日本の社会保障が果たしてきた機能と限界について述べてきた。続く第3章では、日本社会の変化がもたらした課題の一つである「社会的孤立」を取り上げ、その対応として、社会全体にわたるセーフティネットの再構築について考える。

第3章 社会的孤立を防ぐ

1 「共生支援」とは何か

基盤的なリスク

これまで述べてきたように、日本の社会保障は、社会保険方式を中心とし、医療保険や年金、介護保険などによって、個々のリスクに対して個別に対処する制度体系となっている。病気や負傷の時には医療保険がカバーする、老齢になって退職した時には年金が生活費を支給する、介護が必要となった時は介護保険がカバーする、失業した時には雇用保険がカバーする、といった形である。

ところが、今日の日本社会が直面しているのは、従来のように個別のリスクに対する保障だけでは、根本的な解決につながらないケースの増大である。第1章で述べたように、人が排除されたり、孤立したりする状況が深まるとともに、格差の固定化やリスクの連鎖の問題が懸念されている。一言で言うならば、家族と雇用システムの変化によって、人と人の「つながり」という、社会の最も基盤となる部分が弱体化しているということである。

これまでは、それぞれのリスクは別々に発生し、個々のリスクさえカバーすれば、人には帰る家庭があり、戻る職場があり、支える周囲の人々があり、そして、その「つながり」の中でふたたび力を取り戻し、社会や家庭で活動していくことができる、という暗黙の前提があったと言える。しかし、周囲に心身の支えとなるような家族も同僚も友人も少なく、日常の生活が孤立している場合は、いくら支援サービスを提供しても、ひとりだけでは窮状を脱することが難しく、また、一旦改善してもふたたび同じような状態に戻ってしまうおそれが強い。さらに、複数のリスクを同時に抱える個人や家庭も多くなっている。

これまで社会保障において国民生活におけるリスクとして考えられてきたものに加えて、「社会的孤立」というリスクが新たに加わったとも言える。しかも、この社会的孤立は、従来の個々のリスクの横に、新たに追加される一つのリスクとして考えるべきではない。すべてのリスクに何らかの形で関わるものであり、人との「つながり」という人々が生きていく

図３－１　生活におけるリスクと対応

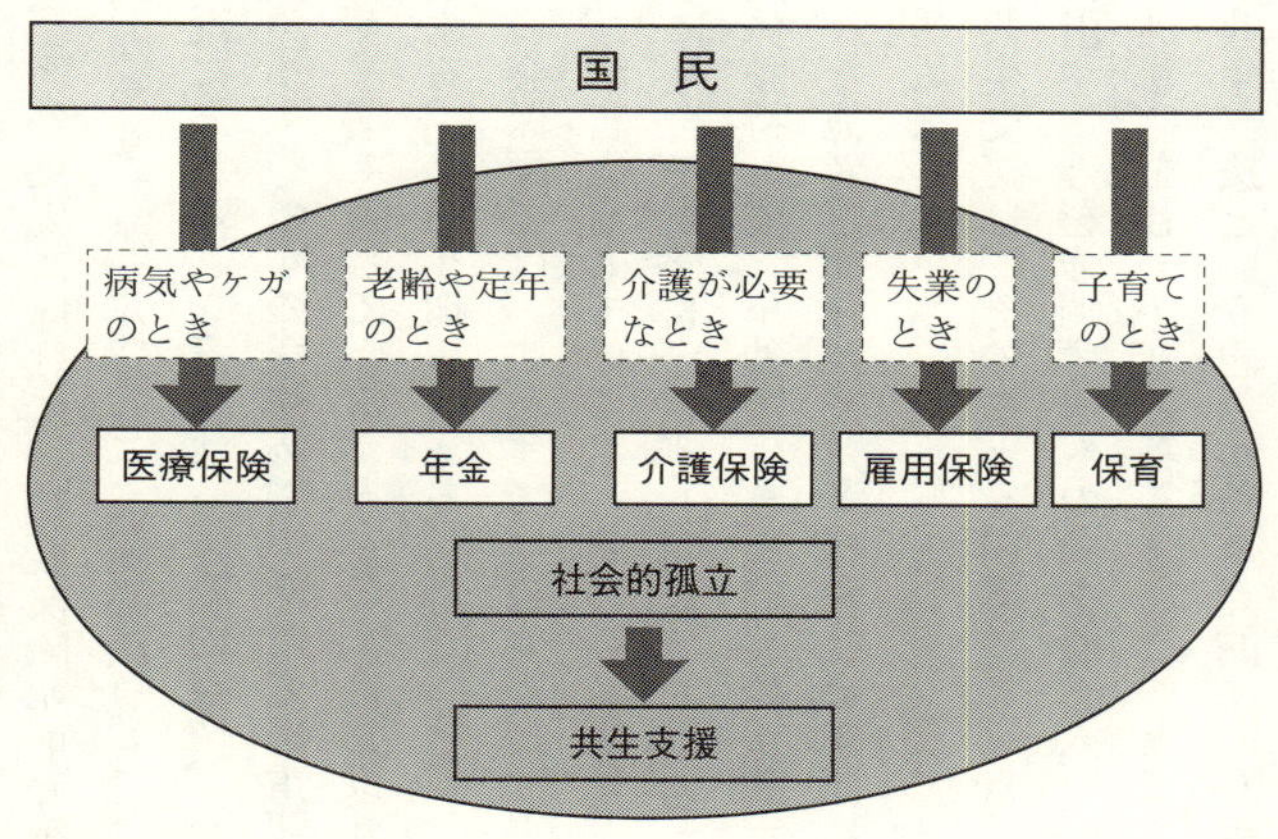

（資料）筆者作成

上で基盤にあたる部分が弱まっているという意味では、「基盤的なリスク」と言ってよい（図３－１）。

このような社会の変化に対して、現在の社会保障の制度体系で十分に対応できるのだろうか。そのことを、今、私たちは真剣に考えなければならない。

取り込む、つなぐ、強める

日本の社会保障が基本理念としてきた「自立」と「社会連帯」は、自立した個人を目指すとともに、その自立した個人が自分以外の人と共に生き、手を差し伸べる社会を作っていこう、という考え方である。

この考え方は、今後とも基本理念としてふさわしい。ただし、基本理念は変わらなくても、その実現に向けて、社会保障が取り組むべき課題は時代によって変わってくる。人の「つながり」が弱体化しているということは、「社会連帯」が成立するベースが崩れかねない状況にあることを意味する。その点で、今後は、個別リスクの保障だけではなく、人の「つながり」そのものを強めていくことが重要課題となる。このことを、筆者は「共生支援」という言葉で表している。人々が「自分以外の人と共に生きていく」ことそのものを支援対象とする、という趣旨である。

社会保障では、これまで「自立支援」という考え方が示されてきた。たとえ高齢となったり、障害を有していても、自らの意思に基づき、経済的、社会的に自立した生活が送れるように社会で支援していくということである。当然ながら、「自立」と言っても、他者と全く関係を持たず、単独で生きていく姿が想定されているわけではない。人は自立するためにも、様々な他者とつながり、多様な社会集団に属しながら、社会の中で共に生きていくことが必要となる。

共生支援は、そのことを明確にし、自分ひとりの自立だけでなく、他者との共生を同時に目指すことを強調するものである。人々が互いに生きる存在として認め合い、助け合う「つながり」をしっかりと築くということである。

共生支援という観点から重点的に取り組むべき政策課題は、次の三つである。

第一が、孤立した人々をできる限り社会集団の中に「取り込む」ことである。第二が、そうした人々を制度やサービス、さらには他の人と「つなぐ」ことである。第三が、人々が自立していくことを支援し、生きる力を「強める」ことである。

第一（取り込む）は、制度や仕組みに深く関わる事柄である。これに対して、第二（つなぐ）や第三（強める）は、個々人に働きかけるものであり、その本質は、当事者が本来持っている力に自らが気づき、現状を変えていく意欲を高めるよう支援するとともに、それを実践するための環境を整えていく「エンパワーメント」という考え方である。

取り込む――非正規雇用のケース

まず第一の「取り込む」という視点から、非正規雇用の問題を考えてみよう。

非正規雇用については、社会保険によるセーフティネットが脆弱であることや正規雇用との格差の問題などを指摘してきた。まさに、我が国の社会保障の二元的構造の下で生じた、職場と地域の両方にまたがる問題である。

この対応策は、大きく三つ考えられる。第一は、非正規雇用の「正規化」を進めていくことである。これは、雇用・産業政策が主導する対応策である。第二は、非正規雇用のままで健康保険や厚生年金保険などの職域保険の対象としていく「適用拡大」である。社会保険からの対応策である。そして、第三が、一部で主張されているもので、社会保険方式を廃止し「税方式」へ転換するという考え方である。

このうち、まず、第三の「税方式」への転換という考え方について考えてみたい。この主張は、第1章で述べたような1997年以降生じた社会の変化、特に雇用システムの変化の中で、社会保険方式が求める「社会連帯」の考え方が逆に「排除」を生んでいるのではないか、という認識が背景にある。社会連帯という概念を、社会保険において加入者に拠出を求める意味で用いることによって、拠出しない人や拠出できない人を排除している。社会保険方式では排除は避けられず、だからこそ税方式を採用すべきだとしている。

確かに社会保険では、保険集団の設定の際に、対象から外れるケースが発生するのは避けられないが、だからと言って、税方式へ転換すべきとの主張にはにわかに賛成できない。社会保険方式が持つ長所は依然として大きいし、国民皆保険・皆年金をはじめ、長きにわたって国民生活を支えてきた基本構造を変える制度変更は、多くの国民に無用の混乱と不安を与えるおそれがある。また、税方式でも、この種の排除の問題が完全に払拭できるわけではない。税として投入される財源が少なければ、結局は「選別主義」と呼ばれるように、給付対象者を一定の条件に合致するケースに絞り込むことになるか、「薄く広く」給付を行うことになるからである。前者は、前述したように介護保険が導入される前の、税方式による措置制度の下では、介護サービスの対象者を厳しく制限し、多くの人をサービス利用から「排除」していたのが典型例である。一方、後者は、全ての人に無条件で一定額を保障する「ベーシック・インカム」のような考え方を採ると、限られた財源の下では、低所得者の生活を十分に保障するだけの給付が提供できないということである。

この問題は、社会保障の制度論よりは、むしろ雇用の問題として捉えることが適当である。前にも述べたが、社会保障は単独に存立できるシステムではない。国民経済、特に雇用システムがしっかり支えることによって、社会保障も機能を十分に発揮できる。逆に、その雇用システムが崩れるならば、社会保障が「逆走」する危険性も否定できないのである。

この問題が、社会保険を中心とする二元的構造の下で、非正規化が進められたことによって生じたものである以上、本質的な解決を図ろうとすると、やはり雇用システムのあり方という根源の問題に遡る必要がある。

正規化という王道

その点でいけば、第二の対応策である職域保険の「適用拡大」も、一定の成果は期待できるものの、限界があることも確かである。

政府は、これまで機会を捉えて職域保険の適用拡大に取り組んできた。２０１６年10月からは、従業員５０１人以上の企業で週20時間以上勤務し、月収も一定金額以上の従業員は職域保険の対象とする措置が講じられ、こうした適用拡大に伴う企業の負担増に助成措置を講じるとしている。適用拡大が、パート労働も含めた非正規雇用に対して職域保険のカバーを広げる効果は期待できる。特に、女性や高齢者の労働参加を進めていく上で、重要なテーマである。さらに、職域保険が適用されるならばと言うことで、企業側が非正規雇用の正規化にまで踏み切ることもあるかも知れない。

ただし、限界があると述べたのは、非正規と正規の格差は社会保険の適用問題だけではないからである。賃金や人材教育などの面の問題もある。そうした格差全体を是正していく上では、やはり正規化が最も有効であることは言うまでもない。

政府は、２０１６年1月に、正規雇用を希望する非正規雇用の被用者をできる限り正規化していくために、「正社員転換・待遇改善実現プラン」を策定し、積極的に推進している。これによると、２０１６年度から２０２０年度の５ヵ年の目標として、不本意非正規雇用労働者の割合（全体平均）を10％以下（２０１４年平均：18・1％）、新規大学卒業者の正社員就職の割合95％（２０１５年3月卒：92・2％）、新規高校卒業者の正社員就職の割合96％（２０１５年3月卒：94・1％）とし、正社員と非正規雇用労働者の賃金格差の縮小を図ることを掲げている。

実際に非正規から正規へ転換した人数と正規から非正規へ転換した人数の差を見ると、高齢者層で定年後に非正規となるケースが増えていることなどから、全年齢では減少傾向となっているが、15～54歳の年齢では、２０１３年１～３月期以降13四半期連続で増加しており、年平均では２０１５年はプラス８万人となっている。正規化が着実に進んでいると言える。こうした動きを加速させ、できる限り早く日本の雇用システムを修復することによって、社会保障の綻びも繕うことができる。

雇用システムに関わる問題は、やはり雇用・産業政策が主導する形で解決を図ることが「王道」である。

「取り込む」だけで十分か――年金未納問題

このようにリスクを抱える人々をセーフティネットの中に「取り込む」ことは、重要な政策の一つである。しかし、実効ある生活保障を確保するためには、「取り込む」だけでは十分でない。そのことを示す例が、国民年金の未納をめぐる問題である。

国民年金の保険料の納付率（保険料の納付月数を納付対象月数で除した割合）は、最近は上昇傾向にあるものの、いまだに65・０％（２０１６年度）にとどまっている。年金は、制度上、保険料の未納が増えても仕組み自体が行き詰まることはない。それは、保険料が未納だと、将来支給される年金額がそれだけ減るため、長期的に見れば年金財政に影響はないからである。

しかし、一方で、多くの未納者が将来、十分な年金を受け取ることができなくなることが懸念される。資力がありながら保険料を納付しないようなケースは論外としても、所得が低いために多くの加入者が未納となるようでは、社会保険に期待される生活保障の機能が果たせないこととなる。

実は、60年近く前の1961年の国民皆年金導入の時にも、保険料の負担能力のないような低所得者を国民年金の対象者とすべきかどうかが、大きな議論となった。

厚生年金保険の場合は、企業の被用者という一定の収入が見込め給料からの天引きができる人を対象としているので、こうした心配はない。これに対して、国民年金の対象者は、農業者や自営業者、零細企業の被用者さらには無業者が想定され、当時の厚生省担当官によると、保険料の負担能力が十分な者だけを対象にすると、全体の2割に満たなくなってしまうと見込まれていたのである。

有識者からは、負担能力のない低所得者は、もともと保険システムに馴染まないのだから、国民年金の強制適用から除外し、任意適用にすべきであるという意見が出されていた。保険の原理からすれば当然の意見であり、事実、フランスにおいては、現在も無業者には公的年金の加入義務は課されていない。

ところが、最終的には、我が国の国民年金は低所得者も強制適用としたのである。その理由を前記の厚生省担当官が書き記しているので紹介する（小山進次郎『国民年金法の解説』）。

「一般に拠出能力の低いといわれる人々こそ、たとえ額は多くなかろうとも、年金を最も必要とする人々であるから、このような人々をはじめから除外したのでは、この制度の目的とするところが達せられない結果となる」

「たまたまある人の一時期における拠出能力の有無だけを問題にして制度の適用外または適用内を決めたりすると、この人がこの制度によって守られない期間が多くなり、結果としては、この制度が拠出能力の乏しい人にかえって不利な制度となってしまい、全く予期に反した結果となる」

こうした観点から、当時の政府は、低所得者も国民年金に「取り込む」こととしたのである。ただし、低所得者を対象とする以上、制度面できめ細かな工夫が必要となってくる。そのために講じられた措置の一つが、低所得者に対して、負担能力が低い期間は保険料負担を免除するという「保険料免除制度」の導入であった。これは、厚生年金保険にはない異例の措置と言える。

こうした政策的判断に対しては、国民年金が未納問題を抱える要因となった、とする批判もある。しかし、筆者は、当時の立案者の考え方が誤っているとは決して思わない。低所得者や無業者だからと言って、スタート時点において社会保険から排除し、別コース（公的扶助など）を行く途を作るのではなく、まず普遍的な制度で受け止めるということは、まさに「取り込む」という考え方に沿ったものである。

ただし問題は、形式的に取り込むだけでは、加入者は容易には保険料の免除や未納の状態から脱却できないということである。こうした人々に対しては、生活支援や就労支援など自立へ向けての支援を積極的に展開し、国民年金の加入者としての負担能力も高めていくような取り組みが同時に重要となる。このことは、職域保険に取り込む場合も同様である。したがって、「取り込む」という施策には、次に述べるようなエンパワーメントの取り組みを、パッケージとして同時展開していくことが必要となる。

2　人を「つなぐ」ことの意義

エンパワーメントの考え方

それでは、次に「つなぐ」と「強める」ことについて考えてみる。前に述べたように、これらは、エンパワーメントの考え方につながるものである。重要なのは、様々な形で支援を行っても、当事者が自分自身に価値を見出せない限りは、社会的孤立から真に脱却することは難しい、ということである。このため、当事者が抱える複合的な課題をときほぐし、本人の意欲や能力を最大限引き出し、自己肯定感を回復していくような働きかけが求められる。この点で、いくつか留意すべきことがある。

一つは、人のつながりは、「多様でかつ包括的である」ということである。つながる先には、家庭もあれば職場もある、地域もある。家族関係も画一的に考えてはならない。当事者がこれまで生きてきた経験や資質などが影響する、非常に個別性が高い事柄である。こうした多様性に十分に留意しなければならない。また、つながりとは人と人の関係性であること、さらに、複数のリスクを抱える個人や家庭が多くなっていることから、個々のリスクごと、個々人ごとに対処するのでは限界がある。その人「丸ごと」、さらには家族「丸ごと」支援していく「包括的」な対応が求められる。

二つ目は、「できる限り早期に支援する」ということである。第１章で述べたように、人々が抱える様々なリスクは連鎖していることが明らかになっている。したがって、一つのリスクが次のリスクに連鎖することを防ぐこと、もっと突き詰めると、根源となっているリスクの発生そのものを防ぐことが何よりも重要となる。事態が深刻になる前に、できる限り早期に支援に入ることである。このため、支援者は待ちの姿勢ではなく、現場や相手の家に出向いたり、相談会を各所で開催するなどの「アウトリーチ」を重視する必要がある。社会的に孤立した人々の中には、相談窓口に出向く気力すら失っている場合も多い。

三つ目は、「人が人を支援する」ということである。

社会保障の給付には、現物給付（サービスの提供）と現金給付がある。人の「つながり」を構築し、強めていくことができるのは、前者の現物給付である「人による支援」であって、現金ではない。当事者に寄り添い、その気持ちを共有しながらの優れて人間的な活動である。そうなると、支援する側の人材は十分確保できるのか、という懸念が出てくると思う。その解決のカギの一つは、次の項目にある。

四つ目は、「当事者同士」や「同じ経験を持つ人」とのつながりや支え合いを重視するということである。同じような問題を抱え、同じような苦しい経験を持っているからこそ、有効な支え合いができる場合は多い。ひきこもりの子どもに対する支援などの現場では、よく「ななめ支援」という言葉が言われる。同じひきこもりの経験を持ち、それを乗り越えたお兄さんやお姉さんの年齢にあたる若者たちの支援に、子どもたちは心を開くことが多い。第1章で述べた「よりそいホットライン」も、相談員として当事者団体の人々がサポートすることで大きな成果をあげている。「支えられた」人が「支える側」に回る好循環を作ることである。

五つ目は、今述べたことにも関係するが、社会的に孤立した人々のエンパワーメントの中心となるのは「一般の地域住民」だということである。もちろん、福祉などの専門職が担う役割は大きいが、専門職に任せっきりではよくない。できる限り多くの人々が「我がこと」と考え、積極的に支援の輪に入るかどうかが成否を決める。行政担当者も専門職の人々もそのことを常に念頭に置く必要がある。特に、「つなぐ」先としての地域の受け皿を、一般住民の参加を得ながら作り出すことが重要である。

年越し派遣村の教訓

まず「つなぐ」ことから考えよう。

このことの重要性が認識されたのは、2008年末から翌年の年始にかけて起きた「年越し派遣村」をめぐる出来事であった。

2008年秋に起きたリーマンショックの影響により、非正規雇用である被用者の契約解除や解雇が相次ぎ、多くの失業者が発生し、企業の寮から追い出され、すまいを失うケースが増加した。社会不安が高まる中で、東京都内の日比谷公園において、市民団体や労働組合などによって食事と寝泊まりする場所を提供する「年越し派遣村」が開設された。ところが、これに応えて集まった人が予想を大幅に上回り、用意していたテントでは不足したため、厚生労働省の講堂が緊急措置として開放される事態となり、社会的に大きな注目を集めることとなった。

この時に明らかになった問題の一つが、生活困窮に陥った人にとって、公的な支援制度は十分でないばかりか、制度があったとしても実際にはアクセスしづらい、ということであった。

失業者に対しては、雇用保険の失業給付が支給されるが、非正規雇用の場合は対象外となることが多い。このため、支援制度として活用が可能だったのは、①寮付き求人等の就労支援、②当面の生活資金確保のための生活福祉資金（緊急小口資金）の貸付、そして③生活保護ぐらいであった。生活困窮者に対する支援制度は、雇用分野と福祉分野が中心となるが、この時点では、いずれの分野も本格的な支援を展開できるような制度を有していなかった。

しかも、①は国の機関であるハローワーク、②は都道府県社会福祉協議会、③は地方自治体（東京都では区）といったように、それぞれの実施機関が異なっていた。通常、これらの制度を利用したいと思えば、利用希望者はそれぞれの機関に出向いて申請手続きをすることが必要となる。しかし、この時の状況で言えば、非正規雇用の場合は雇用を失うと、直ちに日々の生活に困窮し、すまいも喪失しているケースが多く、再就職活動やそれぞれの制度の利用申請に出向くこともままならない状況であった。このため、東京都等の支援により都内4ヵ所の宿泊場所が確保され、その上で、それぞれの機関が出向いて、制度の利用などの相談に応ずる特例措置が講じられたのである。

その後、非正規雇用に対する支援制度は、雇用分野と福祉分野それぞれで強化が図られた。雇用分野では、補正予算によって「緊急人材育成・就職支援基金」が創設され、2011年には、その基金事業等を恒久化した求職者支援制度の導入が図られ、福祉分野においても生活福祉資金の拡充などが行われた。

しかし、これらの制度は利用者が申請する「申請主義」であり、しかも、実施機関が異なる「縦割り」であることは変わりがなかった。この公的制度へのアクセスという問題は、非正規雇用の場合に限らず、ひきこもりや単身世帯など社会的孤立のリスクを抱えている人に共通する問題であった。社会保険のみならず、社会保障制度は、原則として本人が適切な窓口に申請することが求められる。ところが、利用者側にとっては、制度があまりに複雑で、一体どの窓口にどのような申請をすればいいか分からず、相談しても何度もたらい回しにされることもある。このため、制度やサービスを用意しても、必要とする人に届かないという事態にいかに対処するかが、社会保障をはじめ公的制度全般にわたる課題となっていたのである。

ワンストップ・サービス

このような問題を解消するために、最初に取り組まれたのは、「場所」によるワンストップ・サービスであった。

政府は、2009年末に、失業者が仕事を探しながら住宅や生活の拠点を築いていくことを支援するため、一つの場所で職業相談、住居、生活支援の相談・手続きを行うことができる取り組みを進めた。「ワンストップ・サービス・デイ」が12月21日を中心に全国204ヵ所のハローワーク等で開催されたほか、年末年始にも緊急宿泊施設が確保され、そこで生活相談が実施された。こうした取り組みには多数の利用者が押し寄せ、利用者の多くから評価を受けるなど大きな成果をあげた。

しかし、こうした取り組みは、場所や職員の確保という点で恒常的に実施することには困難が伴う。また、限られた実施期間中に、複数の問題や様々なリスクを抱えている利用者の課題を把握し、活用可能な制度やサービスを探し出して具体的な支援に結び付けていくことは難しい、という限界も明らかになった。

こうしたことから、2010年6月に政府の「新成長戦略」に盛り込まれ、モデル・プロジェクトとして実施されたのが「パーソナル・サポート・サービス事業」（以下「PS事業」）である。当時PS事業を中心的に推進したのは、年越し派遣村の村長を務めた湯浅誠氏（当時、内閣府参与）で、筆者も内閣府の担当者として関わった経験がある。

PS事業は、パーソナル・サポーターが、当事者が抱える問題の全体を把握した上で、支援策を当事者の支援ニーズに合わせてオーダーメイドで調整、調達、開拓し、継続的に支援を展開するというものである。「場所」によるワンストップ・サービスの限界を超えるための、言わば「人」によるワンストップ・サービスの取り組みであった。

モデル・プロジェクトは2010年度から2012年度にかけて実施されたが、2011年3月11日に東日本大震災が発生したことを受けて、それ以降は、就労につながり得る者にとどまらず、「高校中退者やそのリスクが高い者など就労にすぐにつなげることが適当でない者、稼働年齢でない者、稼働能力を有しない者も含め、社会的排除リスクの高い者を幅広く対象とした」プロジェクトへと拡大された。

このモデル・プロジェクトを通じて明らかになったことは、支援対象者の多くが複数の課題やリスクを抱えていることであった。2012年11月末時点での支援実績によると、「仕事の問題」を抱えている者が82・9%、「生活をめぐる問題」が38・9%、うつ病など「メンタルヘルスをめぐる問題」が31・7%、「家族や地域との関係」が21・9%で、これらの問題を三つ以上抱えている人が4割近くにのぼった。縦割りの制度体系の中で、こうした人々は、自分にとって必要なサービスに容易にアクセスできない状況にあった。

PS事業は、このような状況下で支援を展開し、4割以上の対象者を就労に結び付けるとともに、生活面（日常生活状況）、社会面（社会的つながり、コミュニケーション）、就労面（就労に向けた意欲・準備、スキル）全般にわたって対象者の自立の度合いを高めるという成果をあげた。加えて、このPS事業に参加した、北は釧路市から南は沖縄県まで全国27地域では、この事業を契機に支援態勢が強化され、全国ベースでも同じ事業に取り組む支援者同士の交流が図られ、人的ネットワークが形成されていった意義は大きかった。

このように大きな成果をあげたPS事業であったが、事業自体は補正予算に基づいた取り組みであったことなどから、これをどのようにして恒久的な制度に高めていくかが課題であった。また、支援を効果的、効率的に展開するためには、パーソナル・サポーター個々人の能力や努力のみに頼るのではなく、地域全体の支援システムとして構築する必要性が強く指摘された。

「人」のワンストップ・サービスから、「制度」としてのワンストップ・サービスへの進展が、次の課題となったのである。

ワンストップ・サービスを制度化する上では、「相談支援」の意義をどう考えるかが重要な論点となってくる。

「相談支援」の意義

従来の社会保障制度では、利用者から相談を受け、アドバイスをするような業務は、制度に関する情報を利用者に伝え、必要なサービス利用に導くための「準備的、付随的な窓口業務」として位置付けられるのが通例であった。一方、ＰＳ事業や「よりそいホットライン」の実績が示したのは、「つながり」が弱体化する中で、当事者から相談を受け、その悩みを受け止め、寄り添うこと自体が大きな成果をあげるということであった。

実は、社会保障制度において、相談やサービス調整という活動を制度面で初めて組み込んだのは介護保険である。この制度によって、ケアマネジャー（介護支援専門員）という相談調整を担う専門担当者が置かれ、高齢者の支援にあたる仕組みが創設された。ケアマネジャーに期待された主要な機能は、高齢者のニーズを把握（アセスメント）してサービスメニュー（ケアプラン）を作成し、必要なサービスにつなぐ「仲介機能」であった。

筆者が厚生労働省で生活困窮者支援の制度化に携わっていた時、このケアマネジャーの機能と生活困窮者に対する相談支援との本質的な違いをしみじみと理解したのは、長年ホームレス支援に取り組んできた奥田知志（ともし）氏（ＮＰＯ法人「抱樸（ほうぼく）」理事長）が発した次の言葉であった。

「生活困窮者のアセスメントは、数ヵ月、もしくは半年、1年かかるかもしれません」

ケアマネジャーは、多くの要介護高齢者を担当し、ケアプランを正確かつ効率的に作成することが求められる。このため、アセスメントにそんな長い期間をとっていたら仕事にならないし、利用者の方だって困る場合が多いだろう。

ところが、生活困窮者の場合はそうではない。奥田氏が言ったアセスメントとは、人とのつながりや生活をどのように作っていくかを、当事者と「伴走」しながら考え、自立に向けて共に取り組んでいくことであった。相談支援が、これまで家族や友人が果たしてきた機能（特に精神的機能）に代わるような役割を果たし、それ自体が大きな社会的価値を生み出している姿であった。つまり、相談支援は、単に「つなぐ」だけでなく、本人を丸ごと「受け止め」、さらに、つないだ後も「見守る」という一連の「包括的」かつ「伴走型」の支援として、制度上、位置付けられるべきなのである。

生活困窮者自立支援法

このような観点から、相談支援を主軸に据えて立法化された制度が、「生活困窮者自立支援法」である。この制度は、２０１２年以降、厚生労働省・社会保障審議会の特別部会（部

図3－2　生活困窮者自立支援制度の概要

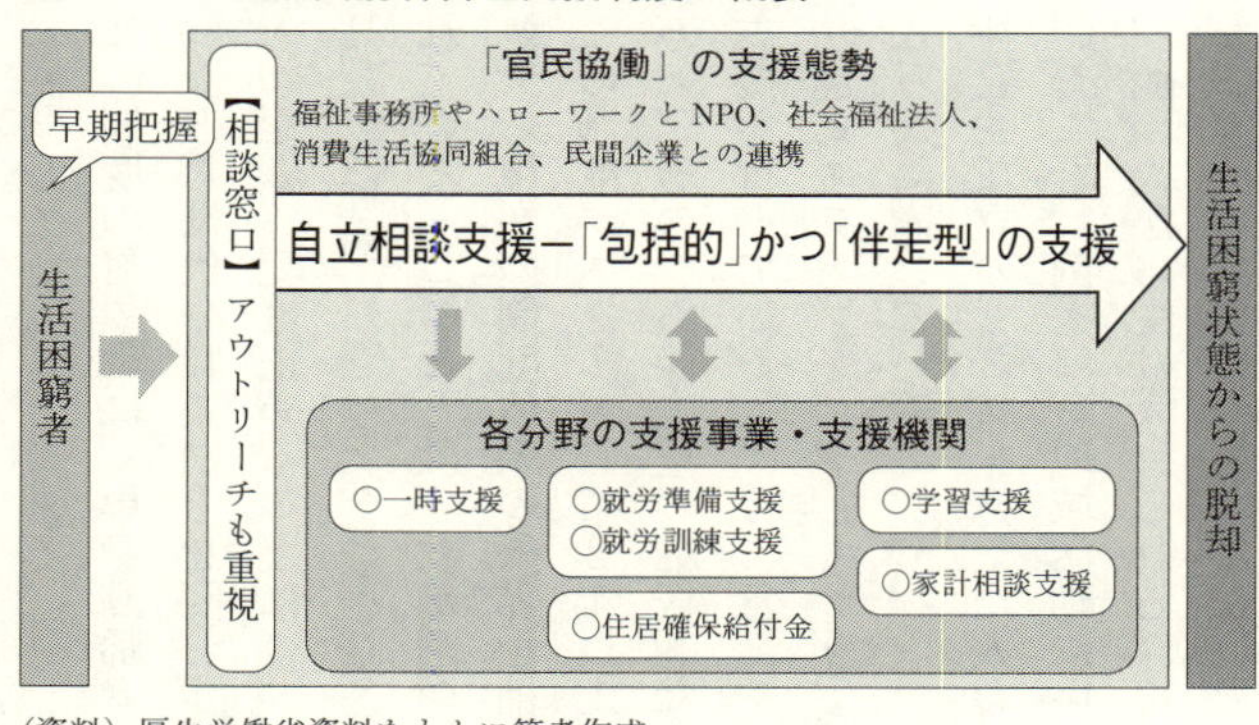

（資料）厚生労働省資料をもとに筆者作成

会長、宮本太郎氏）において新しい生活支援体系として検討が進められた後、2013年の第185回臨時国会で法案が成立し、2年間の準備期間を経て、2015年4月から施行された。

図3－2にあるように、この制度は、「自立相談支援」による「包括的」かつ「伴走型」の支援をサービスの中軸としている。「包括的」とはワンストップ・サービスの趣旨であり、谷間のない相談を目指しながら、複数のリスクを抱える個人や家庭に対して、各種のサービスとサービスの間をつなぎ、一つの包括的なサービス・パッケージに組み立てていく。そのプロセスの中で、本人の意欲や能力に応じて就労支援や居住面の支援などの各分野のサービスを提供することとなるが、重要なことは、そうしたサービスが提供されている間やサービス終了後も、対象者を見守り、寄り添う「伴走型」の支援を継続

的に展開していくことである。

この制度の対象者は、単身高齢者や非正規雇用の被用者、ひきこもり、無業者、ひとり親家庭など、世代や職業などを問わず、社会的孤立のリスクを抱えている人々である。こうした人々を広く受け止めることによって、現在の年金や医療保険、介護保険などの個別制度の「谷間」を埋め、そこに陥った人を必要な制度やサービスにつなぐ機能を果たすことが期待されている。このことは、我が国の社会保障の基本構造から見れば、個々のリスクに個別に対処する現在の制度体系の限界を補完するという、重要な使命を担っていると言える。

この制度がスタートして2年以上になるが、2015〜2016年の間の新規相談者は約45万人、そのうち伴走型の継続的な支援をしている対象者は約12万人となっている。継続的な支援を行っている人々は、意欲や社会参加、家計、就労といったそれぞれの課題を着実に乗り越えステップアップしており、就労や増収といった段階を経て自立に向かっている人も約6万人に達している。

社会的孤立のリスクを抱えた人をつなぐ先は、制度に限らない。人と人のつながりを作っていくこと、例えば、地域活動にいざなうこともある。この点で、人々が地域社会の中で生き、他の人から受け入れられる環境を作り出すことが、あわせて重要となる。地域の中には、つなごうにも「つなぐ先」がないという実態も見られる。このため、地域の多様性を尊重しながら、地域資源である様々な人的ネットワークを積極的に育成、活用していくことが、今後の重要課題となってくる。

今後は、生活困窮者自立支援法という播かれた種が大きく成長し、地域全体を覆う地域セーフティネットとして広がっていくことが期待される。そして、そうした動きの先には、後述する「地域共生社会」の実現がある。

3　生きる力を「強める」――就労支援と学習支援

雇用と福祉の融合

次は、つないだ先で当事者が生きる力を「強める」ことである。

相談支援自体も「強める」という点で一定の効果をあげているが、それだけでは真の自立につながらない。相談支援を受けている人々の多くは、就労や社会活動への参加によって社会との「つながり」をさらに強化し、自己実現を図ることが可能となる。

職場において人材教育などを受けて職業能力の向上を目指せるようなケースは、主として雇用・産業政策において施策が展開されることになる。これに対して、制度の谷間にあり、職場や社会などからのサポートが得られないような非正規雇用の被用者やひきこもり、若壮

図3－3　就労支援の強化（多様な就労機会の確保）

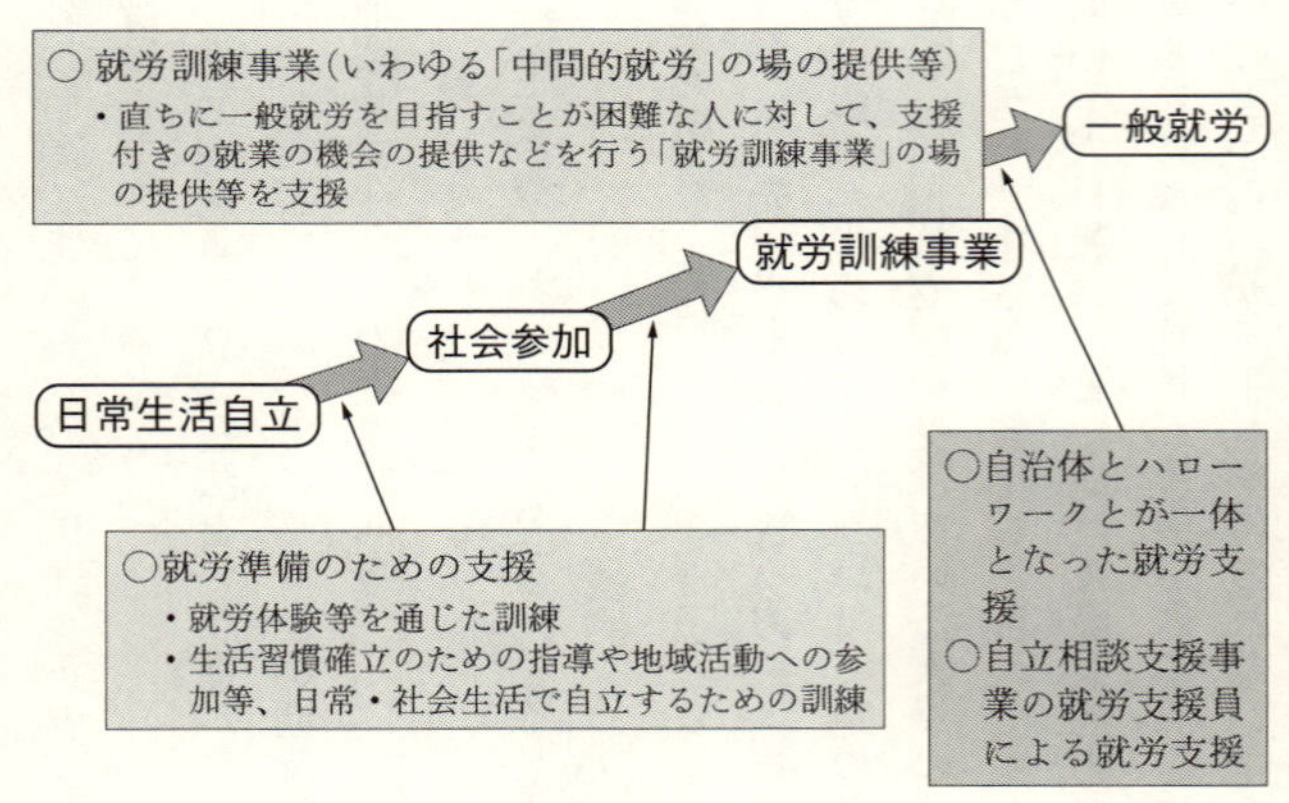

（資料）厚生労働省資料をもとに筆者作成

年無業者、ひとり親家庭（特に就労能力に乏しい母子家庭）、高校中退の若者、さらに障害を抱えた人たちは、そうした機会に恵まれない場合も多い。このような人たちに対して、就労支援や生活支援などを通じて自立を支援し、社会を構成する一員として活動できるようにしていくことが目標となる。

生活困窮者自立支援法には、就労支援として、「就労準備支援事業」と「就労訓練事業」が盛り込まれている（図3－3）。就労と言えば、ハローワークなどの職業紹介や求職者支援制度などがあるが、これらの事業が念頭に置いているのは、そうした一般的な就労がすぐには難しいケースである。

就労するためには、職業能力の前に、朝起きて出勤するという生活習慣を守ることや職場の他の人々との間でコミュニケーションを持つことなど、日常生活や社会参加のベースを作っていくことが必要となる。こうした就労に向けた訓練をするのが「就労準備支援事業」である。ここで大事なのは、一つの形にはめるような訓練メニューにしないことである。このため、当事者の状態に応じた「オーダーメイド型で本人に合わせた支援」と「就労体験」を提供することとなる。実績を見ると、支援当初３ヵ月でステップが見られた割合は65・５％（未利用者の場合は39・５％）となっており、成果が上がっていることがうかがえる。

「就労訓練事業」の方は、「中間的就労」と呼ばれる。「中間」という言葉が使われているのは、一般の就労と障害者雇用などの福祉的就労の間にある、というイメージからである。すぐには一般就労が難しいケースを対象に、対象者ごとに支援プログラムを作成し、本人の状況に応じた柔軟な働き方を提供していくというものである。実際には社会福祉法人やＮＰＯ法人がその場を提供している場合が多く、福祉サービスの補助作業や製造・加工の比較的軽易な作業などに参加しているケースが相当な割合を占めている。

エンパワーメントという点では、狭い意味での社会保障分野の取り組みだけでは十分でない。これまでの取り組みは、福祉なら福祉といったように一つの分野だけで完結しようとする面が強かったのは否めない。今後は、雇用はもちろん、教育、すまい、農業など他分野との「連携」、さらには「融合」が重要となる。それによって、従来とは異なる新たな支援形態が創造される可能性が広がっていく。

就労訓練事業も、その一例である。この事業は、当事者が事業所と雇用契約を結んで「就労」として行う場合と、雇用契約を結ばないで「訓練」として行う場合の両方がある。従来ならば、前者は雇用分野、後者は福祉分野と、縦割りで分かれることになるが、今回は両方を一つの制度に組み込み、本人の状況変化や実績に応じてシームレスに実施できるようになった。雇用と福祉の「連携」から進んで、「融合」に近いものになったと言える。

「農福連携」

エンパワーメントの観点から、新たな連携として「農福連携」という取り組みも始まっている。

農福連携とは、農林水産業という自然を相手にした仕事と、農漁村という自然環境に恵まれ、人のつながりが存在する地域が持っている力を、障害者や社会的孤立のリスクを抱える人々の自立や新たな成長に活かそうとする取り組みである。

筆者は、地方創生を担当していた時に、「農」の持つ力に改めて驚かされた経験がある。それは、当初青森県弘前(ひろさき)市と大阪府泉佐野(いずみさの)市が連携し、その後石川県加賀(かが)市も加わって取り組んでいる「都市と地方をつなぐ就労支援カレッジ事業」の現場である、弘前市のリンゴ園を見学した時のことである。

この事業は、地方創生の一環で、大阪周辺のひきこもりなど若年無業者を対象に、泉佐野市で基本的な研修を行った後に、弘前市や加賀市に場所を移してリンゴやナシの栽培など実地で研修を行うもので、2016年2月〜2017年3月で86名が参加している。

筆者が驚いたのは、参加している若者たちが、実に生き生きと働いていることであった。弘前市の関係者に聞いたところ、到着した最初の頃は元気がなかった人も、リンゴ園に出て木や土に触っているうちに、だんだん元気になってくるということで、1回だけでなく2回、3回と実地研修を重ねた人は、最初の頃とはまるで別人のようになっているとのことであった（図3－4）。

元来、対人サービスが苦手な人はいるし、ひきこもりの中には、都会で多くの人々に接する中で神経を擦り減らしてしまったケースもあると思う。いくら就労支援と言っても、そうした人々をふたたび「人間関係の渦」の中に入れることが真の解決につながるとは思えない。エンパワーメントでは、当事者が変わるだけでなく、その当事者が持っている個性に合うように外部環境の方を変えていく、というアプローチも重視される。そうした点で、都会で傷ついた人たちを癒やし、立ち直らせる力を、「農」は持っている。

図３－４　青森県弘前市での青年の研修風景

（資料）弘前市提供

この取り組みは、エンパワーメントが一つの地方自治体を超えて展開することの意義を明らかにしている。生活困窮者自立支援法に基づく相談支援や就労支援などの事業は、法律上、市区町村（町村は福祉事務所を設置しているところ）や都道府県が実施主体となっているが、何もそのことは、支援の取り組みが一つの地方自治体の区域内で完結しなければならないという意味ではない。ある地方自治体が地域に住む人の支援に取り組む中で、別の地域に場所を移して支援を行うことが有用だと考えるならば、本人の意向も聞きながら、先ほどの弘前市の例のように、新たな環境で支援を展開することも選択肢にあってよい。地方自治体は、自分たちの行政方針に共鳴する他の地方自治体や、自らの限界を補完してくれる地方自治体と全国ベースで連携し、広範囲にわたるセーフティネットとしての自治体ネットワークを創り上げることができるのである。

また、生きる力を「強める」取り組みには、就労分野以外のものもある。例えば、生活困窮者の中には家計が崩れているケースも多い。こうした人々に対して、「グリーンコープ生協ふくおか」が先駆的に取り組んできたのが、家計収支の改善と家計管理能力の向上に関する支援（家計相談支援事業）である。こうした取り組みも、当事者の生きる力を「強める」効果をもたらしている。

学習支援の現場から

最後に、低所得家庭の子どもに対する「学習支援」を紹介する。

第1章では、リスクの連鎖の問題を取り上げたが、その連鎖が、ひとりの生活や人生においてだけでなく、世代間で連鎖しているのが「貧困の連鎖」という問題である。「子どもの貧困率」は、各種指標でも依然として高い水準にあり、例えば、国民生活基礎調査結果では13・9％（2015年）となっている。このような子どもたちの貧困の連鎖を防ぐためには、十分な教育と学歴が得られるようにすることが有用である。そうした観点から、生活困窮者自立支援法が実施しているのが、生活保護受給世帯を含む生活困窮世帯の子どもを対象とした「子どもの学習支援事業」である。

実際の支援は地域の様々な拠点で行われており、さいたま市の例で見ると、市全区に11ヵ所の居場所が開設され、生活保護家庭やひとり親家庭の中高校生400人が利用している。「先生は学ボラ」ということで、大学生の参加を期待しており、四十数大学の学生ボランティア250人が毎週、マンツーマンで支援している。全国で見ると、2015年度では約2万人の小中高校生が参加し、そのうちの3割が中学3年生で、高校進学率は98・2%と全世帯平均(98・8%)と変わらない結果となっている。また、高校中退防止の支援対象者の高校中退率は、5・3%にとどまっている。地方自治体や地域の人々の支えによって、短期間のうちに大きな成果をあげている。

貧困の連鎖の防止に関係者一丸となって取り組んでいる自治体の一つが、東京都足立区である。足立区の取り組みでは、学校を子ども支援の「プラットフォーム」と位置付けていることが注目される。この考え方は、学校をすべての子どもが安心して教育を受けることができるように支援するための場として、機能を高めていくことを目指すものである。教員とともに、スクール・ソーシャルワーカーやスクール・カウンセラーなどが学校に配置され、学校が地域の関係機関とも連携しながら子どもや家庭の支援に参加していく効果は大きい。

貧困の連鎖を防いでいくためには、学習支援だけでなく幅広い取り組みも重要となってくる。子どもの進学という点では、子ども本人のみならず、親や家族全体を支援しなければならないケースも多い。経済的な支援でいえば、親の就労支援をはじめ、親に対する養育支援や進学資金相談などである。とりわけ母子世帯の場合は、平均的な収入が児童のいる世帯全体に比べ半分以下の状況であり、自立に向けた就業支援や経済的支援が重要である。まさに親子「丸ごと」支援である。

さらに、リスクの連鎖は、親が若年無業者など就労面のリスクを持っていたり、不安定な精神状態やうつなど心の健康にリスクを持っている場合にも生じるおそれがある。特に児童虐待が子に与える影響には極めて大きいものがある。このようなハイリスクの親子や家族をできる限り早期に発見し、子どもの保護とともに、親に対する支援も行っていく必要がある。

「近隣の援け合い」がリスクの連鎖を防ぐ

リスクの連鎖を防止するという点では、第１章で紹介したＣＣＳ調査は興味深い結果を明らかにしている。この調査は、約９０００人を対象に、住民の様々なリスクの実態と連鎖の状況を調査したものであるが、その中で、「友人のネットワーク」と「近隣の援け合い」が、リスク発生の軽減にどの程度役立っているかを分析している。「友人のネットワーク」とは、

「職場や学校以外にも友人がいるかどうか」というもので、多様な構成員による弱い絆であるが、開かれたネットワークである。これに対して、「近隣の援け合い」とは、「友人のネットワーク」より密接な地縁社会をベースとした近隣コミュニティによる互助である。リスクに対する影響の調査分析結果は、次のとおりである。

(1) 友人ネットワーク

友人ネットワークを持つ人の割合は、インターネットなどのソーシャルネットワークの普及が背景になっているため、年を追って増加しており、世代別には若年世代になればなるほど高い割合となっている。

リスクに対する効果は、混在している状況が見られる。「仲間遊び苦手」や「いじめ」「居場所なし」「ひきこもり」のリスクを有意に下げる効果を持っており、孤立を防ぐ点でプラス面がうかがわれる。

一方で、「不安定・うつ」や「不安・睡眠障害」「子育て不安」という点ではリスクを高めているという負の結果も表れている。これは、一般的には友人ネットワークのような多様な人が参加している中では、様々な情報が飛び交い、かえって不安を煽っている面があること、グループ内でのうまい付き合い方が要求されることなどが背景にあるのではないかと分析されている。

（2）近隣の援け合い

近隣の援け合いは、友人ネットワークとは異なり、高齢世代になるほど高まる傾向がある。ただし、一部の地域では若者世代でも高い水準が保たれている。

近隣の援け合いは、リスクの連鎖につながる大きな要因とされる「仲間遊び苦手」を大幅に低減させる効果を持っていることが明らかになっている。「近隣の援け合い」があるという人に発生するリスクを、ない人との間で比較したところ、ある地域では「仲間遊び苦手」の発生率は0・13倍と非常に低く、さらに「不登校」や「いじめられた」「虐待」といったリスクも下げていることが分かった。幼児期の発達において、両親が果たす役割が大きいことはもちろんであるが、「第三の大人」である近隣の人たちが与える好影響の大きさには特筆すべきものがある。

一方で、近隣の援け合いが「不安定・うつ」や「不安・睡眠障害」のリスクを高めている地域もある。近隣の援け合いも、地域によっては果たしている機能に差があることがうかがわれる。

セーフティネットとしての地域

ここまで、日本社会において家族や雇用システムが変化する中で、「つながり」が弱体化してきていること、そして、これに対応するためには、社会保障においても、つながりそのものを強める取り組みを進めていく必要があることを述べてきた。

その解答の一つは、間違いなく「地域」にある。

地域とのつながりを大切に思っている人は多い。2011年の東日本大震災後の事情の変化について、震災後強く意識するようになったことは何かを尋ねたところ（内閣府調査〔2012年〕）、最も多かったのが「家族や親戚とのつながりを大切に思う」と答えた人で67・2%、次いで「地域でのつながりを大切に思う」と答えた人が59・6%にものぼっている。

地域におけるつながりは、社会的孤立やリスクの連鎖を防ぐ点で、大きな役割を果たす。「家族」のつながりのように強くなくても、多様性の点では包容力がより大きい場合がある。また、「職場」のつながりのように組織的でなくても、定年もなく長い関係を維持できる継続性がある。

地域に期待される場面の多くは、社会的孤立のリスクを抱える人々を「つなぐ」先としての受け皿である。地域の人々が、そうした人を受け止める「地域セーフティネット」としての機能を果たすならば、国民の安心感は格段に高まる。こうしたセーフティネットを作っていく上での要諦は、やはり「人」である。地域を愛する人々は、今なお世代を超えて多く存在している。そうした人々が集い、協働して活動していくためには、プラットフォームが必要となる。その点では、町内会や自治会などの地縁組織や、第5章で紹介する三重県名張市の地域づくり協議会のような地域運営組織に期待される役割は大きい。

また、同時に、同じ問題に悩む人々が、身近な地域を超えて、互いに助け合うことも有用である。実際に、当事者組織をはじめ、地域を超えた広域的な人的ネットワークが孤立した人々を受け止めている例は多い。こうした、より広域的な受け皿づくりも、今後の重要な課題となる。

ただし、いくら地域が重要と言っても、地方自治体が、地域に課題を「丸投げ」するようなことはあってはならない。地域の組織は「つながりの場」としての機能を果たしていくことが期待されるが、一方で、医療や福祉などの専門職が本来担うべき支援活動は、地方自治体とりわけ市町村が責任をもって対応することが求められる。

地域セーフティネットの財源を考える

本章の結びに、こうした地域セーフティネットの財源のあり方について、触れておきたい。

現在は、これらの取り組みは、生活困窮者自立支援制度において国と地方自治体の税を財源として運営されているが、今後さらに地域セーフティネットの充実を図り、第5章で述べるような「すまいの保障システム」まで将来的に含めていくとするならば、もっと安定的な財源の確保が必要となってくる。若干専門的になるが、将来の政策論として、どのような対応があるかを考えてみたい。

ここで明らかなのは、世代や職業などを問わず、支援が必要な人を網羅的にカバーする地域セーフティネットは、それ自体独立した財源が必要になることである。そして、先ほど述べたように、現在の年金や医療保険、介護保険などの個別制度の「谷間」を埋めるのが、この地域セーフティネットの使命であるとすれば、その財源は、一部の世代や職業などに限るようなものでなく、社会全体で支え合うことが求められる。

そうなると、まず考えられるのが、国民すべてが広く負担する税（例えば消費税）を投入することである。この考え方は、社会保険でカバーできない人は税方式で救済するという、我が国の社会保障の基本的な考え方に沿ったものであり、地域セーフティネットの趣旨との整合性は高い。ただし、社会保障・税一体改革においては、消費税財源の投入先は、年金、医療、介護、子育ての4経費に限られていることから、新たな論点として、地域セーフティネットへの投入を議論していく必要がある。

一方、地域セーフティネットの財源を考える際に筆者が注目しているのが、第4章で紹介

図３－５　「制度間連帯」による支え合い――「連帯基金」構想の発展型（イメージ）

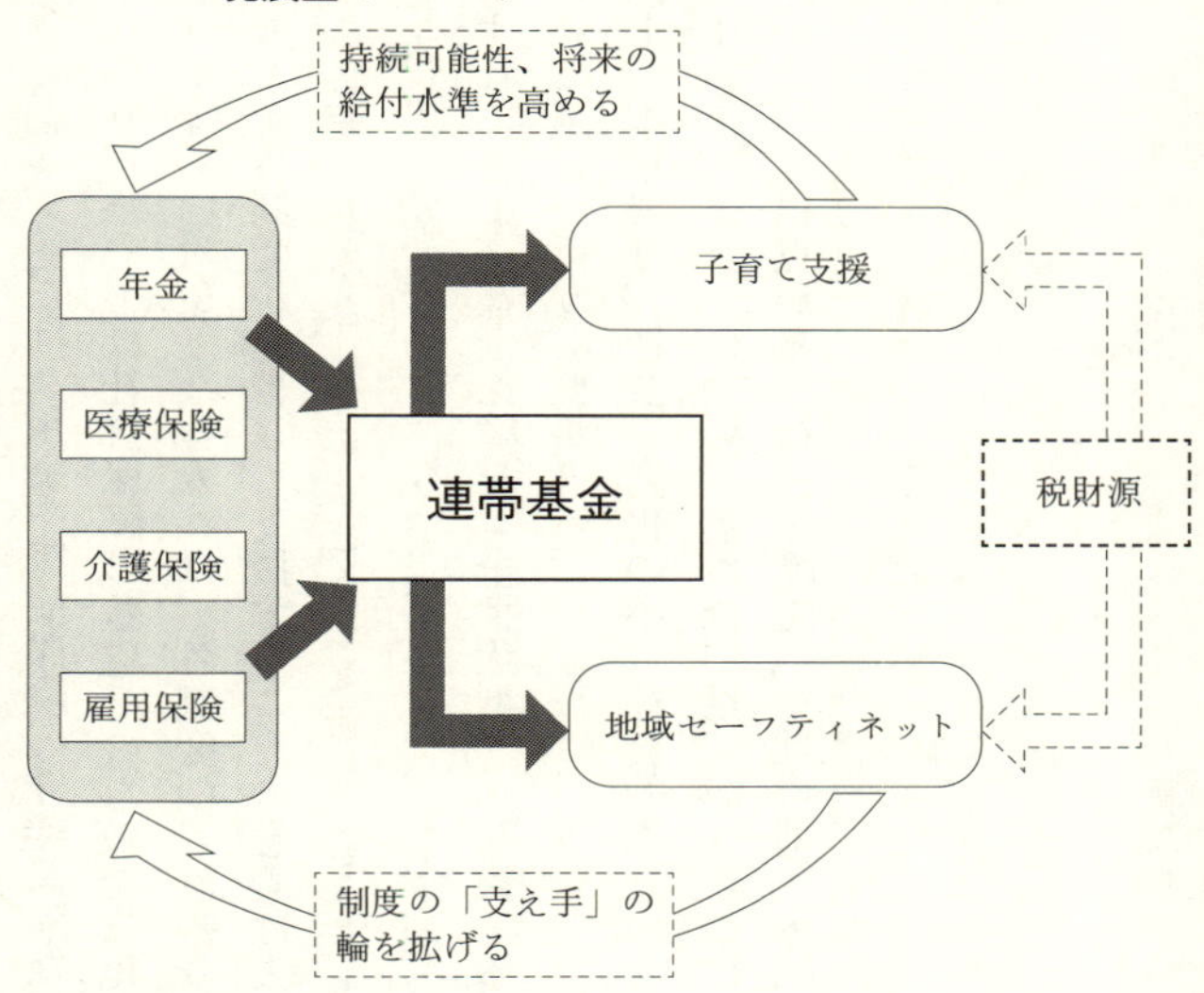

（資料）筆者作成

する、社会保障研究の専門家である権丈善一（けんじょうよしかず）氏が提唱している「子育て支援連帯基金」という構想である。この構想は、子育て支援の財源として考えられているもので、年金、医療保険や介護保険などの社会保険が、自らの持続可能性や将来の給付水準を高めるために連帯して拠出するというものである。

この「制度間連帯」による支え合いという考え方は、地域セーフティネットの考え方にも通じる面がある。なぜならば、社会的孤立のリスクを抱えている人々が自立し、生きていく力を強めること

（エンパワーメント）は、年金や医療保険、介護保険などの「支え手」の輪を広げていくことにつながり、ひいては社会保障の基盤そのものを強化することになるからである。地域セーフティネットの対象となる人々は、各制度の「縦割り」の中で「谷間」に陥った人々であり、その人々を各制度が連帯して支援することの意義は大きい。もちろん、税財源も合わせて投入する必要はあるとしても、こうした新たな形態の支え合いによって、社会保障が目指す「社会連帯」は強化されていくものと考えられる（図3－5）。

いずれにせよ、社会保障を「全世代型」へ転換するに際しては、こうした問題についてもあわせて議論を行う必要がある。

以上、本章では、社会の変化の中で社会的孤立のリスクを抱えている人々を受け止める地域セーフティネットについて述べた。続く第4章では、人口減少に対してどう対応していくべきかという視点から、社会保障を「全世代型」へ転換することについて考える。

第4章 「全世代型」へ転換する

1 なぜ出生率回復が必要か

積極戦略と調整戦略

本章と第5章では、「人口減少」に対して、どう対応していくべきかについて考える。

人口減少の問題に対する政府の基本姿勢は、２０１４年12月27日に閣議決定された「まち・ひと・しごと創生長期ビジョン」に示されており、そこでは、二つの方向性が掲げられている。一つは、出生率の回復によって、将来的に人口減少に歯止めをかけ、人口構造を変えていこうというものである。「積極戦略」と言える。もう一つは、仮に出生率が回復しても一定の人口減少は避けられないことから、人口減少に適応し、生産性を向上させながら、効率的かつ効果的な社会システムを構築していこうという「調整戦略」である。

このうち、積極戦略は、出生率を政策では変えられない社会事象として捉えるのではなく、出生率を回復させるために、政府として必要な政策は積極的に講じていこうとするものである。こうした考え方が掲げられるようになった背景には、第1章でも紹介したように、従来、我が国では政府をはじめとする行政や経済界などにおいて、出生率低下に対する危機感が全体的に薄く、子育て支援施策も、後ほど紹介するフランスやスウェーデンなどに比べて大きく立ち遅れてきたことがある。

ただし、出生率の回復を目指すとしても、結婚や出産はあくまでも個人の自由な選択に基づくものであり、個人の意志を尊重すべきことは言うまでもない。2014年度内閣府調査によると、人口減少に対する政府の取り組みをどう考えるかという問いに対して、「大いに取り組むべき」が41・1%、「取り組むべきだが、個人の出産などの選択は尊重する必要がある」が34・3%、「個人の出産などの選択は尊重し、そうした取組は必要最低限であるべき」が18・3%、「そうした取組は不要である」が4・1%となっている。

こうした状況を踏まえ、若い世代の結婚・出産の希望を実現するための環境を整備することにより、出生率を回復させることが大きな目標となっている。

希望出生率は１・８

我が国の若い世代には、結婚し子どもを持ちたいという希望が強い。

18歳から34歳の未婚男女を対象とした意識調査（社人研「出生動向基本調査」２０１５年）によると、「いずれ結婚するつもり」と答えた人の割合は男性が85・７％、女性が89・３％に達しており、若い世代の多くは結婚の希望を抱いている。ところが実際は、第１章の図１－８で示したように、２０１５年の未婚率は、25歳から29歳で男性は72・７％、女性は61・３％、30歳から34歳で男性47・１％、女性34・６％となっており、希望と現実の間の乖離は大きい。

また、結婚した夫婦のほとんどが、子どもが欲しいと思っている。理想とする子ども数は、平均で２・32人となっており、予定子ども数（現存の子ども数に追加予定の子ども数を加えた数）も平均で２・01人である。この水準は、諸外国の状況から見てもかなり高く、１９８０年代後半から今日に至るまで、ほぼ安定的に推移している。一方、実際の夫婦の完結出生児数は、第１章の表１－３にあるように、２０１５年には１・94にまで低下している。ここにも、希望と現実の乖離が見られる。

こうした若い世代の結婚、子育ての希望が実現するならば、日本の出生率は１・８程度の水準にまで向上すると見込まれる。これは、若い世代の結婚に対する希望割合に、希望する平均子ども数を乗じるなどの方法により算出したもので、「希望出生率」と呼ばれている。世界的にはオーストラリアの出生率1・80（2014年）、イギリスの1・81（2014年）と同じ水準であり、日本の都道府県別（2016年）の出生率では、最も高い沖縄県はそれを超えた1・95、続く島根県は若干低い1・75となっている。希望出生率の実現は、こうした希望と現実の間の乖離を解消できるかどうかがカギとなる。

出生率回復は「究極の高齢化対策」

2017年4月、社人研は、平成27年（2015年）国勢調査の確定数が公表されたことを受けて、新たな将来の人口推計（2017年推計）をとりまとめた。

前回（2012年推計）との主な違いは、30～40歳代の出生率が上昇した実績を受けて、「将来の仮定値（中位推計）」を1・35から1・44に引き上げたことである。この推計によると、総人口は、2015年の1億2709万人から、その38年後の2053年に1億人を切り、45年後の2060年には9284万人、さらに100年後の2115年には5056万人となる。超長期で見ると、出生率が人口置き換え水準（2・07）を下回っている限りは、100年後以降も総人口は減り続ける。最近の出生率の改善により、人口減少の速度は前回推計より緩和しているが、厳しい状況は基本的に変わらない。

一方、仮に出生率が2030年に希望出生率である1・8を実現し、2040年に2・07にまで回復すると、2060年の人口は約1億200万人となり、長期的には9000万人程度でおおむね安定すること（「定常人口」という）が見込まれる（図4－1）。この推計は出生率回復のシナリオということになるが、その特徴を分析すると、今後取り組むべき方向性も見えてくる。

特徴の一つ目は、出生率の回復時期が遅ければ遅いほど、将来の定常人口の水準が低くなることである。出生率が1・8や2・07となる年次が5年遅くなると、将来の定常人口はおおむね300万人程度少なくなると見込まれている。さらに5年遅れれば、さらに300万人程度少なくなる。もちろん、出生率が回復しないと、いつまで経っても定常人口は実現しない。人口減少問題は、いかに早めの対応が重要かが理解できる。

二つ目の特徴は、高齢化への影響である（図4－2）。出生率が回復すると、日本は、ある時期から高齢化率が年々下がっていく「若返りの時期」を迎える。将来的には高齢者が減少していく一方で、出生率が上昇すると、生まれてくる若い世代が高齢者より相対的に多くなってくるからである。今回の人口推計では、65歳以上の高齢者数のピークは、2042年で3935万人、高齢化率は2065年に38・4％に達した後はそのまま高止まりすると推

図４－１　我が国の人口推移と長期的な見通し

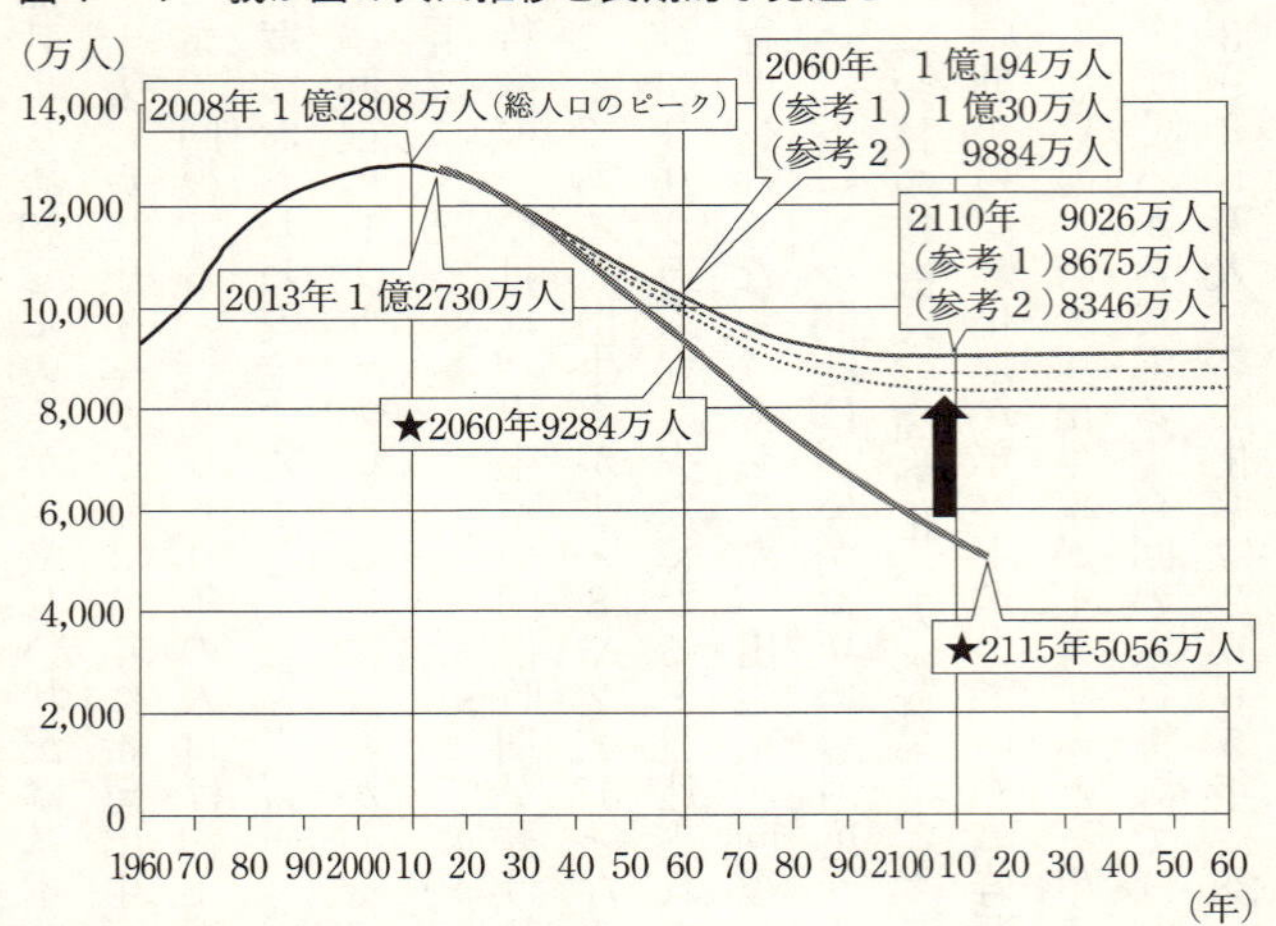

実績（1960〜2013年）
合計特殊出生率が上昇した場合（2030年1.8程度、2040年2.07程度）
（参考１）合計特殊出生率が2035年に1.8程度、2045年に2.07程度となった場合
（参考２）合計特殊出生率が2040年に1.8程度、2050年に2.07程度となった場合
★「日本の将来推計人口（平成29年推計）」（出生中位〔死亡中位〕）

（資料）内閣官房まち・ひと・しごと創生本部事務局資料をもとに筆者作成
（注）「合計特殊出生率が上昇した場合」は、経済財政諮問会議専門調査会「選択する未来」委員会における人口の将来推計を参考にしながら、合計特殊出生率が2030年に1.8程度、2040年に2.07程度（2020年には1.6程度）となった場合について、まち・ひと・しごと創生本部事務局において推計を行ったものである

図４－２　我が国の高齢化率の推移と長期的な見通し

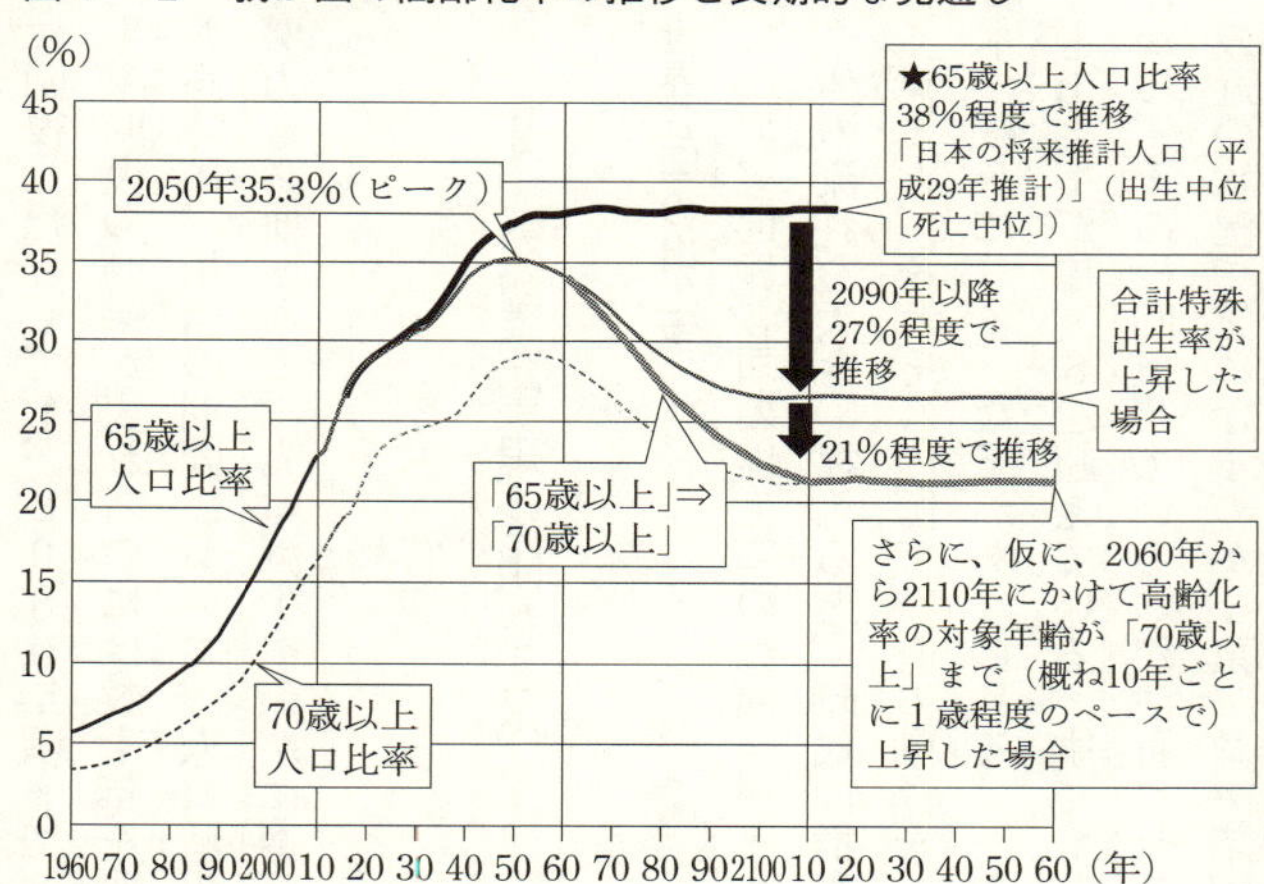

（資料）同右

計されている。これに対して、出生率が回復すると、２０５０年の35・３％をピークに、長期的には27％程度まで低下し、そこで安定することが見込まれる。この水準は、２０１６年現在の高齢化率（27・３％）とほぼ同じ水準である。高齢化率そのものを引き下げるという意味では、出生率回復は「究極の高齢化対策」とも言える。

しかも、高齢者ができる限り健康を維持し、自らの希望や能力に応じて就労する「生涯現役社会」が到来すると、事態はさらに改善する。ちなみに、高齢化率を「70歳以上の人口比率」とするならば、図４－２にあるように、高齢化率は21％程度まで低下することとなる。

三つ目の特徴は、仮に出生率が期待どお

りに回復したとしても、2080年頃までは人口は減少し続けるということである。これは、出生率回復の効果が表れるのには数十年を要するためである。したがって、人口回復を目指すと同時に、相当の期間において、人口減少がもたらすマイナス効果をできる限り抑えていく努力も必要となる。人口減少にいかに適応するかという「調整戦略」の必要性は明らかである。

2　希望の実現を阻むもの

世界各国の出生率

ここで、世界各国の出生率の動向（図4－3）を見てみたい。

全体の流れを大きく捉えると、時代の推移とともに出生率は低下していく傾向にあるが、よく見ると、それぞれの国で特有の動きをしていることが分かる。低出生率の国としては、日本のほかにドイツなどがあげられる。一方、フランスは2に近く、スウェーデン、アメリカも出生率が1・8を超えている。中でも、フランスとスウェーデンは出生率が一旦下がりながら、その後回復しているのが注目される。

最近の状況で気になるのが、東アジア諸国の人口動向である。この前まで一人っ子政策を

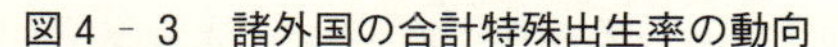

図４－３　諸外国の合計特殊出生率の動向

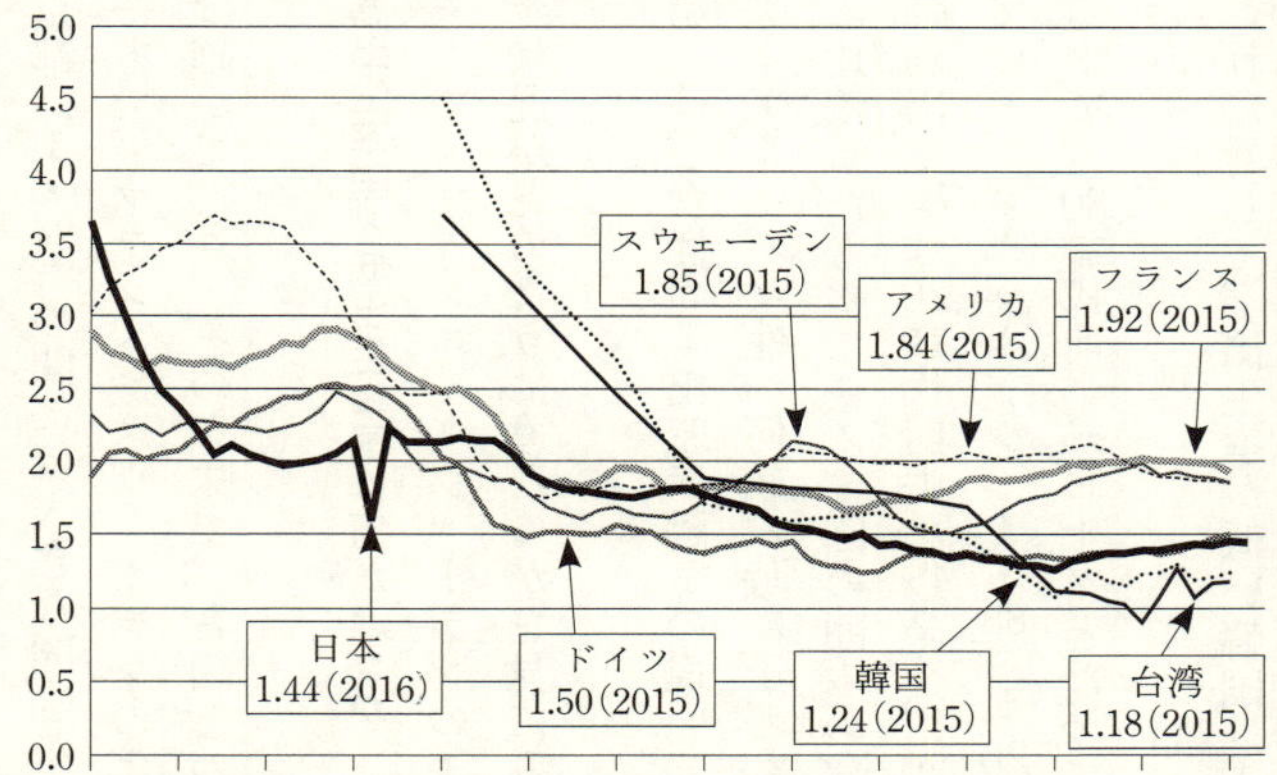

（資料）内閣府「少子化社会対策白書」（2016年版、2017年版）をもとに筆者作成
（注）日本及び欧米については、1959年まで国連人口統計年鑑等、1960年以降はOECD Family Database（2016年３月更新版、2017年５月更新版）及び厚生労働省「人口動態統計」をもとに内閣府が作成した、各年のデータから作成。韓国、台湾については、国連人口統計年鑑、WHO "World Health Statistics"、各国統計をもとに内閣府が作成した1970年から2005年までの５年ごとのデータ及び、2007年以降の各年のデータから作成

採っていた中国は別としても、韓国や台湾などの出生率が急激に低下しており、直近では日本より低い水準となっている。

このように出生率が国によって大きく異なっている理由については、これまでも専門家の間で様々な分析が行われてきており、社会・経済・文化など多様な要素が複雑に絡み合っているとされている。一つの国の中においても、地域によって出生率は大きく異なっており、日本でも、２０１６年人口動態統計によれば、都道府県の中で最も高い沖縄県（１・95）と最も低い東京都（1・24）の間には大きな開きがある。

一方で、フランスやスウェーデンのように、国の政策動向が出生率に影響を与えていることは確かであり、その意味で、各国との比較分析は重要となる。

高出生率国と低出生率国は何が違うか

そこで、フランスやスウェーデンのように出生率が高い国と日本や韓国など低い国とでは、出産状況がどのように違うのかを見てみよう。そうすると、構造的な違いがあることが分かる。

第一は、女性の「出産年齢」の違いである。

図4－4は、女性が何歳の時に子どもを出産しているかを示す「年齢階層別出生率」を国別に比較したものである。図の囲みの部分を見ると、出生率が高いフランス（1・99）では、年齢別出生率は20歳代前半から高く、20歳代後半と30歳代前半の二つのピークがある形となっている。スウェーデン（1・88）も20歳代前半から比較的高く、20歳代後半も高い水準にある上で、30歳代前半がピークとなっている。アメリカ（1・88）は20歳代前半の出生率がかなり高い。

これに対して、出生率が低い韓国（1・21）、日本（1・45）やドイツ（1・47）は、20歳

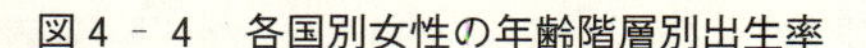

図4－4　各国別女性の年齢階層別出生率

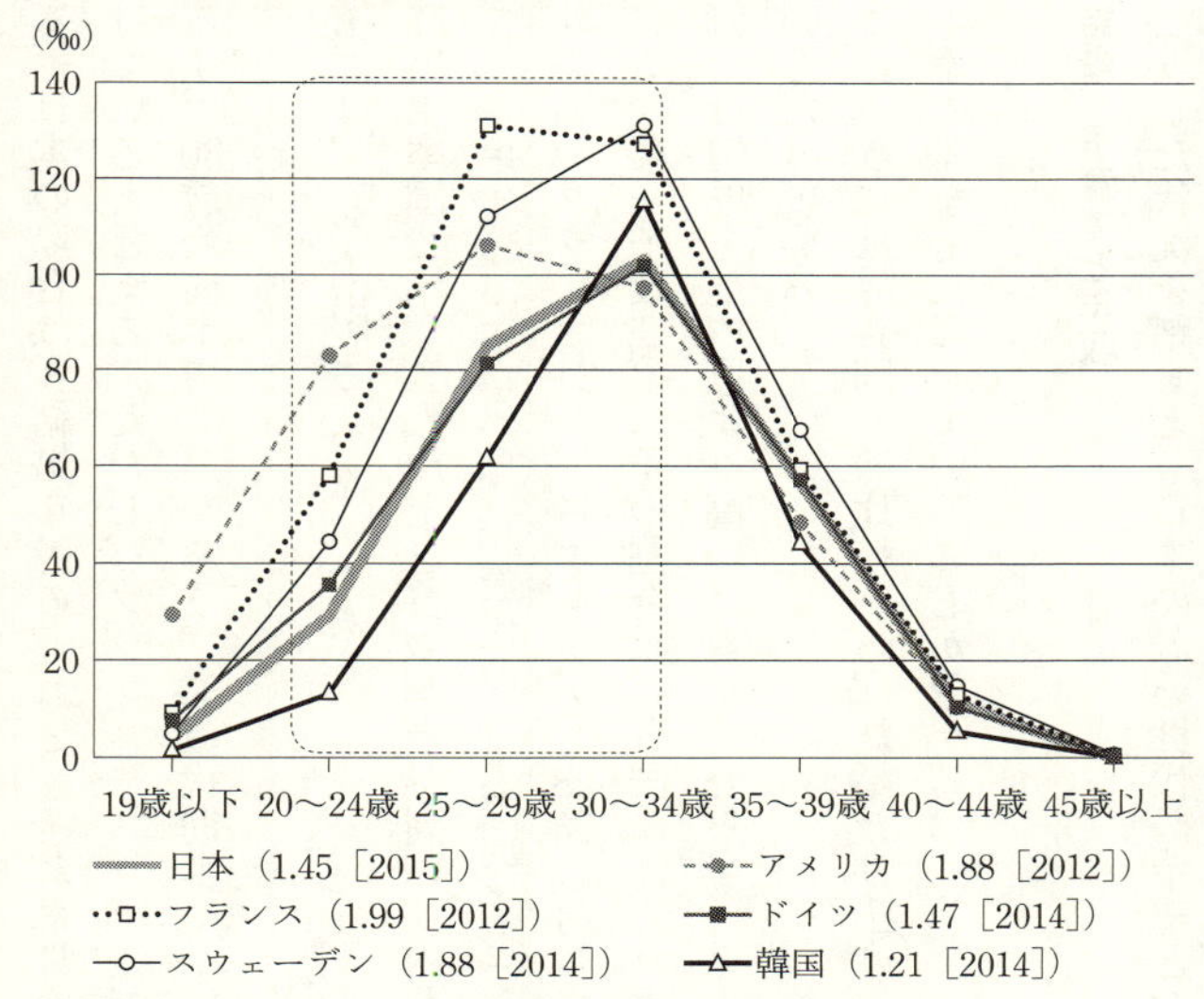

（資料）国立社会保障・人口問題研究所「人口統計資料集」（2017年版）

代の出生率が低く、ピークは30歳代前半のみで、しかもフランスやスウェーデンより低い。一方、30歳代後半の出生率になると、国のバラツキは縮まり、40歳代以降の出生率はいずれの国も非常に低い。

このように一般的には、出生率の高い国ほど、女性の出産年齢が全体的に早い。より正確に言えば、出生率の違いのかなりの部分は、20歳代の出生率の状況が影響していると言える。例えば、韓国は、30歳代前半の出生率は相当高い水準にありながら、20歳代の低さが原因となって、アメリカはもとより日本よりも低い出生率となっている。日本の場合は、結婚年齢の遅れと、それに伴う出産年齢の遅れが、出生率全体を引き下げていると言える。ただし、フランスやスウェーデンとの比較では、日本は、20歳代のみならず、30歳代前半でも差があり、30歳代前半についても出生率向上は重要な課題と言えよう。

第二は、「多子出産」の違いである。

高出生率国では、３人以上を持つ割合が高い。内閣府「少子化社会に関する国際意識調査（２０１０年度）」によると、40歳代の「実際の子ども数」における3人以上の割合は、アメリカ34％、フランス31％、スウェーデン28％に対して、日本は21％、韓国は12％にとどまっている。第一子及び第二子の割合は、各国にはそれほど大きな違いはなく、逆に韓国は２人の割合は61％と他の国より高いにもかかわらず、３人以上の割合の低さが、出生率を下げる要因となっている。

このように世界各国との比較から、結婚及び出産の年齢と夫婦が持つ子ども数の違いが、出生率の差をもたらしていることが分かる。

結婚、子育てと年収

こうした状況を踏まえ、日本の若い世代が希望どおりの年齢で結婚し、子どもを持つためには、どのような環境を整備していく必要があるかを考えてみたい。

20〜30歳代の結婚を希望する未婚者を対象に行った内閣府「結婚・家族形成に関する意識調査（２０１０年度）」によると、「今まで結婚していない理由」として最も多かったのは「適当な相手にめぐり合わないから」（男性55・０％、女性58・２％）であるが、２番目及び３番目は「結婚後の生活資金が足りないと思うから」（男性38・６％、女性24・３％）、「結婚資金が足りないから」（男性33・１％、女性20・７％）であった。結婚に対する個人的な意識の違いは大きいとしても、経済的な理由をあげる若い世代（特に男性）が相当な割合にのぼることが目を引く。若い世代の経済基盤をめぐる問題である。

全国と札幌市の20〜30歳代の男女を対象にした調査結果（２０１６年）によると、「結婚生活に必要と考える夫婦の年収」は、全国で約４９０万円、札幌市で約４６０万円であった。さらに、「欲しい人数の子どもを持つにあたって必要と思う夫婦の年収」は、札幌市では未婚者は約５９０万円、既婚者は約６４０万円となっている。一方、２０１５年分民間給与実態統計調査では、男性の平均給与は20歳代後半で３８３万円、30歳代前半で４５１万円、30歳代後半で５１０万円、40歳代前半で５６７万円なので、男性のみの平均給与で見れば、結婚のハードルは30歳代後半でやっと超え、子育てのハードルは40歳代前半になってもまだ超えられない計算となる。

図4－5　就労形態別、配偶者のいる割合（男性）

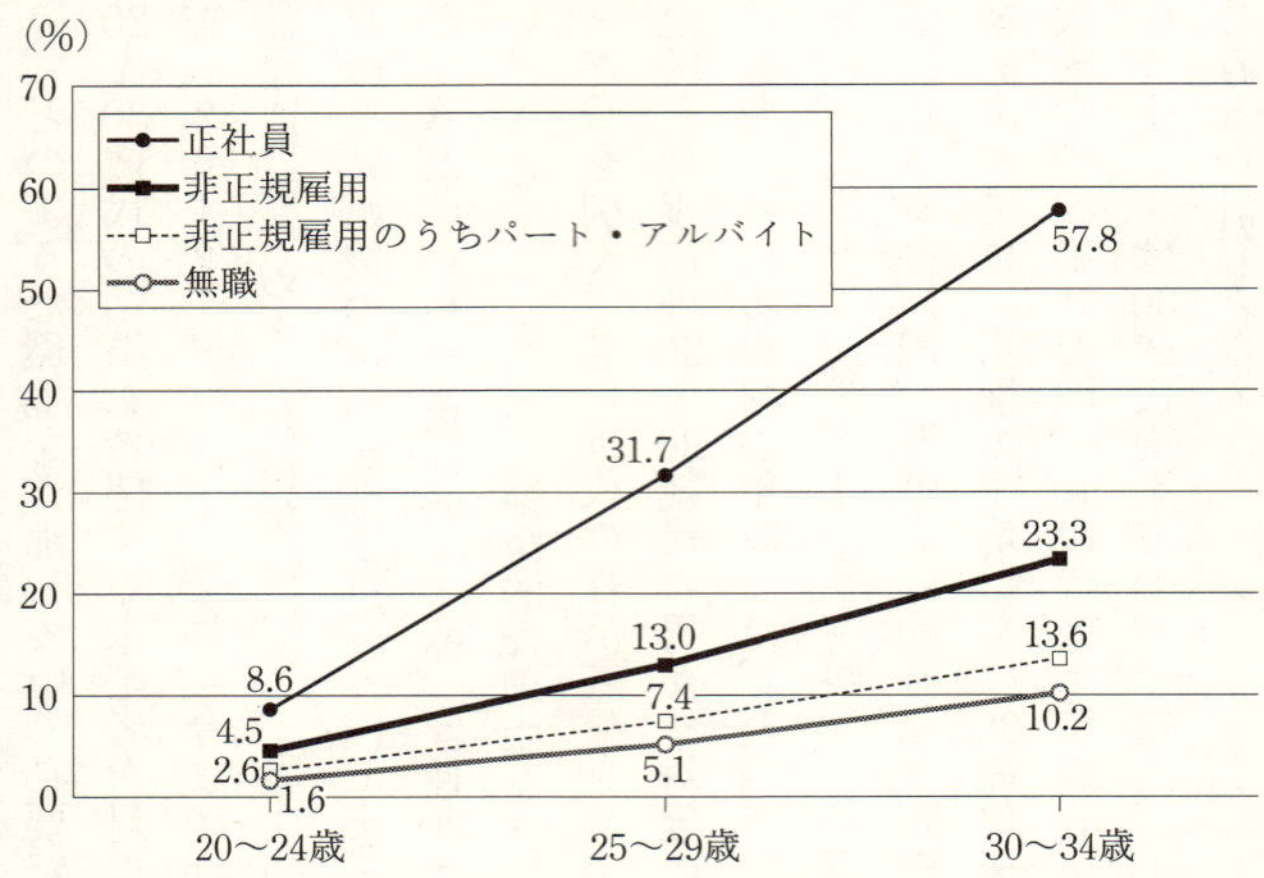

（資料）労働政策研究・研修機構「若年者の就業状況・キャリア・職業能力開発の現状②」（2014年）

必要とする年収が若干高めに考えられているとしても、現状では20歳代のうちに結婚し、子どもを持つにはハードルが相当高いと言える。実際に結婚している状況から見ると、男性では年収300万円が一つの「壁」となっていると言われ、年収300万円以上と未満では結婚割合が大きく異なっている。

そうした中で懸念されるのが、繰り返しになるが、年収が低い非正規雇用や無業者である。図4－5は、男性の就労形態別に見た結婚割合を比較したものである。20歳代後半では、正規の結婚割合が約32％に対して非正規は約13％、30歳代前半では同じく約58％に対して約23％と、両者の間には2倍を超える格差があることが分かる。正規と非正規の賃金格差は第１章で述べたように大きく、その格差が結婚の状況にそのまま表れている。１９９０年代後半以降、日本の雇用システムが大きく変わっていった時期に「第三次ベビーブーム」を喪失した構図が、こうした実態からも明らかになってくる。

共働きと結婚、出産

そこで、結婚や子育てに必要な年収が１人分の収入では足りなくても、結婚後も「共働き」をしながら、子どもを産み育てることができるならば、経済面での結婚や出産のハードルは下がるはずである。

女性の結婚や出産後の就労継続は、女性のキャリアを活かした社会参画や能力発揮という点において重要性を増している。一方、女性就労と出生率の関係については、どうであろうか。この点については、専門家の間でも様々な分析が行われてきた。各国の動きを研究している筒井淳也(じゅんや)氏は、「雇用労働に従事する女性が増えるにつれて、どの国でも出生率が下がることになった。しかし女性の労働力参加が出生率へ与える負の影響は、アメリカやスウェーデンといった少子化を克服した国においては、ある時点から中和されるようになった。（中略）その後、女性の労働力参加と出生率との関係はいよいよ反転し、女性が働くことは出生率に正の効果を持つようになる。これは不況あるいは経済成長の鈍化のなかで若年者の雇用が不安定化し、それへの対応として男女がカップルを形成し、共働きによって生計を維持するというケースが増えたからである」(『仕事と家族』)と述べている。従来は、女性の就労や共働きは出生率にとってはマイナスであるという見方が強かったが、今日の社会経済情勢では、むしろ結婚を後押しするという点で、プラス効果が期待できるというものである。

筆者は、現在、札幌市長のリーダーシップの下で女性一人ひとりが希望に応じて活躍できるまちづくりを目指す「さっぽろ女性応援会議」に参加している。この会議の中でも同じような指摘がなされており、札幌市の出生率が1・18(2015年)と全国に比べて低い水準にとどまっている背景の一つとして、共働き率が低いことがあげられている。出生率が1・65(2016年)、未婚率の低さでは全国一位の福井県の共働き率58・6%と比べると、札幌市の共働き率は40・6%で20ポイント近い差がある。女性活躍の機会の拡大とともに、結婚や出産の希望を実現する観点から、共働きが選択できるような環境整備、すなわち、後ほど述べる「仕事と子育ての両立支援」が重要となってきている。

「仕事か、子育てか」の二者択一

しかし、現実には、共働きをしながら子育てをすることには、様々なハードルがあり、女

表4－1 「働き方」に関する地域別状況

（各指標における最上・最下位5自治体）

	女性の有業率と育児をしている女性の有業率の差（%）（2012年）		週60時間以上働く雇用者の割合（%）（2012年）		1日あたりの通勤等の時間（分）（2012年）	
	最上位	最下位	最上位	最下位	最上位	最下位
1位	島根県（△6.7）	神奈川県（△23.8）	島根県（6.8）	東京都（11.2）	宮崎県（49）	神奈川県（104）
2位	鳥取県（△7.2）	東京都（△21.4）	秋田県（6.9）	北海道（11.1）	島根県（51）	千葉県（98）
3位	青森県（△7.5）	兵庫県（△21.3）	鳥取県（7.1）	京都府（11.1）	鳥取県（52）	埼玉県（96）
4位	福井県（△8.5）	埼玉県（△20.5）	沖縄県（7.1）	神奈川県（10.3）	福井県、愛媛県（53）	東京都（93）
5位	沖縄県（△8.6）	千葉県（△20.4）	高知県（7.7）	千葉県（10.2）		奈良県（89）

（資料）内閣官房まち・ひと・しごと創生本部事務局「地域少子化・働き方指標（第3版）」

性にとっては「仕事か、子育てか」という二者択一を迫られることが今なお多い。内閣府の「少子化と夫婦の生活環境に関する意識調査」（２０１２年）でも、理想とする子どもの数より現実的に持つ子どもの数が少ない理由として、20歳代前半から30歳代前半までの人の3割以上が「働きながら子育てができる職場環境がないから」ということをあげている。

その他のデータも、女性が仕事と子育ての両立の問題に直面している状況を表している。社人研「出生動向基本調査」（２０１５年）では、結婚し出産前に就業していた女性で、第一子出産後も継続して就業できている割合は、２０１０年から２０１４年に第一子を産んだケースでは53・1%にとどまっている。

こうした状況は地域によって大きく異なっている。都道府県別に見ると(表4―1)、女性全体の有業率と子育てをしている女性の有業率の差(この差が大きいほど、仕事と子育ての両立が難しいということを表している)では、最も差が少ないのは島根県で、鳥取県、青森県、福井県、沖縄県が続く。これに対して、差が大きいのは、神奈川県、東京都、兵庫県、埼玉県、千葉県の順となっている。一般的には、女性の雇用機会は都市部に多いが、共働きの環境という面では、地方が優位ということになる。地方は、都市部に比べて保育所が足りていることや通勤しやすいこと、親が近くに住んでいて支援を受けやすいことなどが、その理由として考えられる。先ほど紹介した福井県は「三世代同居率」も14・9%と高く(札幌市は2・2%)、その面でも共働き夫婦にとって、家族の支援を得やすい環境にあると考えられる。大都市部ではそうした家族の支援に期待することが難しいケースが多く、地方自治体は、保育環境の整備をはじめ、仕事と子育ての「両立支援」の取り組みに一層の力を注ぐ必要がある。

こうした「仕事か、子育てか」という二者択一の状況を打開し、子どもを持つことの不利益の発生を取り除き、両立を支援する政策を強化することで出生率の向上を図ったのが、フランスとスウェーデンである。これについては、後に述べる。

図4－6　夫の家事・育児時間別にみたこの13年間の第2子以降の出生の状況

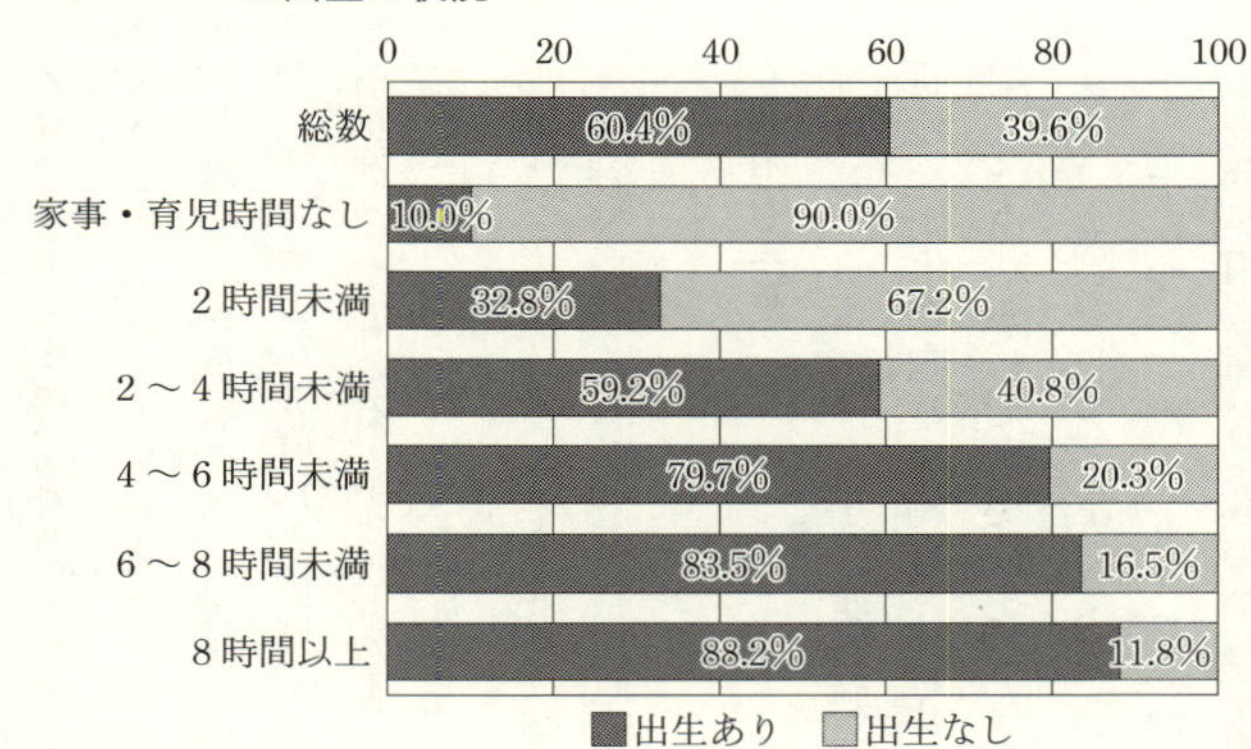

（資料）厚生労働省「第14回21世紀成年者縦断調査（2002年成年者）」（2015年実施）

（注）2002年10月末時点で20～34歳であった全国の男女（及びその配偶者）を対象とした調査（2002年に第1回調査）で、第1回調査から第14回調査までの13年間における、第2子以降の出生の状況をみたもの

夫の家事・育児参加の低さ

働き方に関わる問題はこれにとどまらない。

日本では家事や育児への夫の参加度合いが、他の国に比べて低く、妻の子育て負担が大きいことが、第二子以降の出産に影響を及ぼしているという調査結果も出されている（図4－6）。この調査は、夫が休日に家事・育児にかけている時間と第二子以降の出産があった割合の関係を分析したものである。夫の家事・育児時間が「なし」の場合は、第二子以降の出産があったのは10・0％にとどまり、「2時間未満」が32・8％、「2～4時間未満」

が59・2％、「4～6時間未満」が79・7％、「6～8時間未満」が83・5％、「8時間以上」が88・2％と、夫の参加度合いに応じて出産状況も大きく異なっている。

夫の参加度合いが低いのは、労働時間の長さも一つの要因となっている。労働力調査（2014年）によると、30歳代の男性就業者では週60時間以上働く人が約6人に1人という状況が明らかになっている。先ほどの表4－1を見ると、週60時間以上働く雇用者の割合が高いのは、東京都（11・2％）、北海道（11・1％）、京都府（11・1％）、神奈川県（10・3％）、千葉県（10・2％）で、いずれも出生率は低い。また、通勤時間も働き方や家庭で費やす時間に大きな影響を与えるが、神奈川県をはじめ大都市部では長時間を要する地域が多い。

子育て費用の実態

次に、なぜ、日本では多子出産が難しいか、その背景を考えてみよう。

社人研の「出生動向基本調査」（2015年）によると、理想の子ども数を2人以上としながら、第二子を断念して予定数を1人としている夫婦が最も大きな理由としてあげているのが、「子育てや教育にお金がかかりすぎるから」（43・8％）である。

第三子以上については、「3人目の壁」ということが言われている。理想では3人以上としている割合が相当高いにもかかわらず、現実の乖離が大きいからである。理想の子ども数を3人以上としながら予定数をそれより少なくしている理由としては、同じく「子育てや教育にお金がかかりすぎるから」が69・8%と突出している。このように多子出産については、経済的な問題が大きな障害となっており、夫婦の希望を実現するためには、子育て費用への対応が重要である。

それでは、一体、子育てにはどの程度の費用がかかるのだろうか。当然ながら、個々のケースで異なるが、平均的な費用を内閣府が試算したところ（2005年版国民生活白書）、子どもを1人育てる追加的費用を0歳から21歳までの22年間分足し上げると、約1300万円となっている。その内訳は、食料費や光熱費などの基本的経費が約720万円、教育費が約530万円、住宅関係費が約50万円である。

教育費については、「子どもの学習費調査」（2014年度調査）によると、幼稚園から高校までの15年間の各学年の学習費総額を合計すると、すべて公立に通った場合で約523万円、すべて私立に通った場合で約1770万円となっている。さらに、大学に進学すると、大学学部（昼間部）の1年間の学費は、国立で約67万円、公立で約68万円、私立は約132万円となっている。後ほど、子育て費用に対する経済的支援を取り上げるが、教育費の問題が焦点となっている背景には、こうした実態がある。

なお、理想では2人以上だが、第二子以降を断念して予定数を1人としている夫婦の理由

（2015年調査結果）としては、経済的な理由のほかに、「高年齢で生むのはいやだから」（42・4%）や「欲しいけれどもできないから」（34・8%）が高い割合を占めていることにも留意する必要がある。これには、出産年齢が影響を与えていると考えられる。医学的には、男性、女性ともに妊娠や出産に適した年齢があるとされている。特に女性は35歳くらいまでが適齢期とされており、それ以降は年齢が上がるにつれて、妊娠や出産に至る確率が低くなることが指摘されている。多子出産の希望が実現できない理由の一つとして、第二子を持ちたいと思った時点で、夫婦が30歳代後半から40歳代になっていることがあげられる。

3 「全世代型」の社会保障

働き方改革

以上のような状況を踏まえ、今後、若い世代の結婚や子育ての希望を実現していくために、社会全体で取り組むべきことは何かを考えてみたい。

出生率を回復させるためには、様々な角度からの施策が必要となる。2005年のOECDレポートも、OECD諸国の家族政策や少子化対策の分析を踏まえ、出生率の向上のためには、総合的な取り組みを長期的・継続的に実施していくことが重要であると強調している。

図4－7 出生率に影響を及ぼす諸要因と必要とされる施策（全体像）

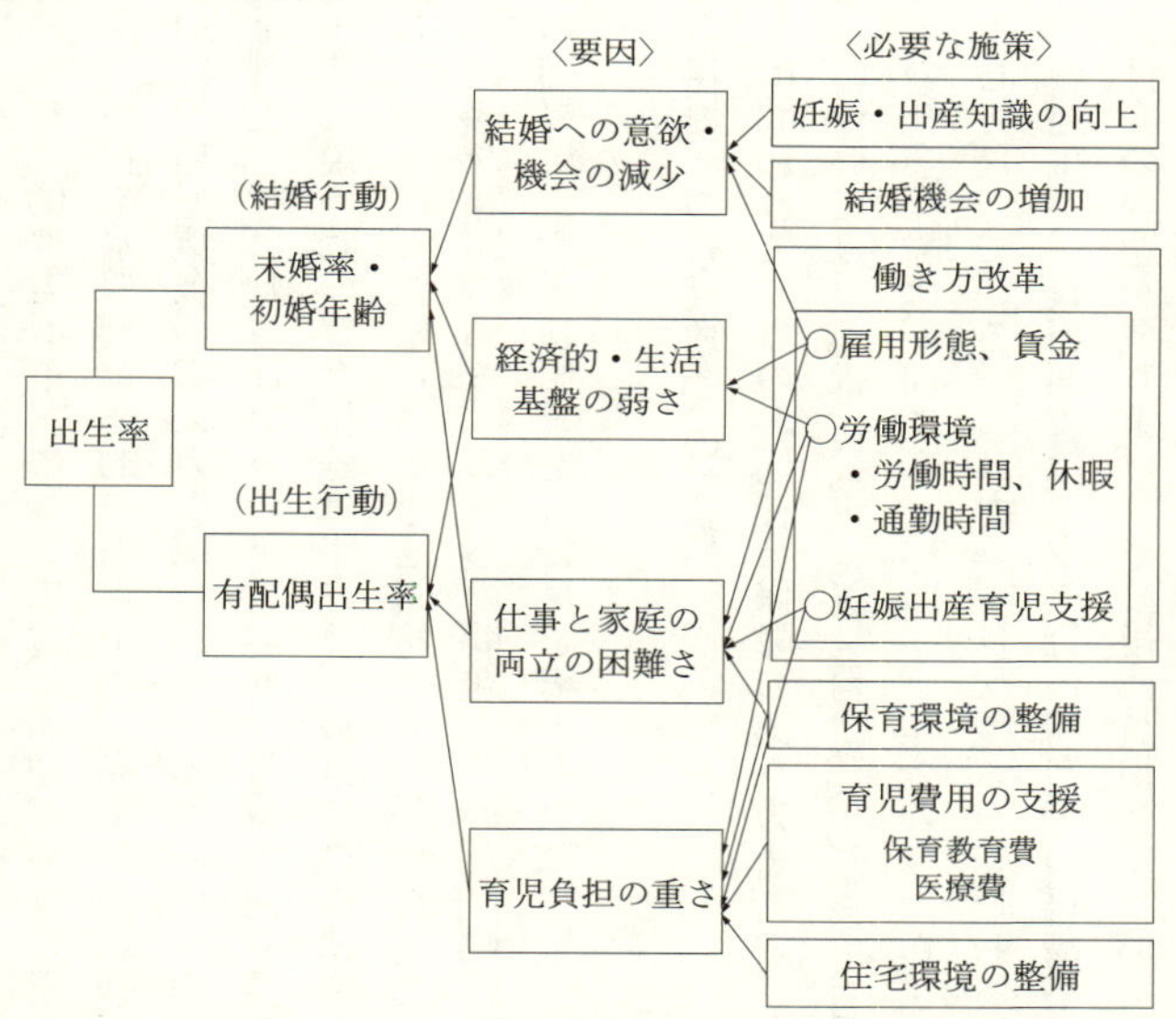

（資料）内閣官房まち・ひと・しごと創生本部事務局「地域少子化・働き方指標」第2版（2016年2月）、第3版（2017年5月）をもとに筆者作成

図4－7は、出生率に影響を及ぼす諸要因とそれに対応した施策を整理したものである。これを見れば分かるように、出生率を回復するには、妊娠・出産知識の向上や結婚機会の増加に始まり、働き方改革や保育環境の整備、育児費用の支援、住宅環境の整備など、様々な分野の施策が関わってくる。

そうした中で施策の大きな柱となるのは、「働き方改革」をはじめとする雇用分野の取り組みと、社会保障のあり方である。

このうち「働き方改革」については、希望どおりの子どもを持てるようにするためには、若い世代の賃金水準を全体的に引き上げ、経済基盤を強化することが重要となる。日本では一般的に年功型賃金の考え方が採られているが、出生率を回復させたスウェーデンでは、連帯賃金制度と呼ばれる仕組みの下で「同一労働・同一賃金」の原則が確立され、年齢、性別、正規・非正規の間の賃金格差は小さく、最低賃金の水準も高い。また、働き方という点では、前述したように、夫婦が共働きを選択できる環境にあるかどうかや、労働時間や通勤時間の長さも大きな課題である。これらの問題を含めた「働き方改革」が実現するかどうかは、出生率の回復にも大きな影響を及ぼすと考えられる。

「全世代型」の社会保障への転換

さらに問われてくるのが、社会保障のあり方である。

これについては、「全世代型」の社会保障への転換を目指すことが基本方向となる。日本の社会保障は、前にも述べたが、年金のみならず医療や介護などの面で高齢期への支援が中心となっている。これを「全世代型」へ転換していくためには、給付面では「子育て支援」の強化が、負担面では「支え合い構造」の再構築が必要となる。そこで、はじめに前者の給付面の課題を取り上げ、その後に負担面について考えてみたい。

まず、足元の現実として認識しなければならないのは、我が国の保育サービスや児童手当などの子育て支援施策は、他の先進国に比べて大きく立ち遅れていることである。図２－３において示したように、日本の子育て支援に関する社会支出（家族関係社会支出）の対ＧＤＰ比（２０１３年）は1・26％と、スウェーデン（3・64％）やフランス（2・91％）などに比べると半分にも満たない状況にあり、抜本的な強化が急務となっている。

子育て支援施策には、様々な分野の政策や行政庁が関係していることにも留意する必要がある。例えば、保育や児童手当は児童福祉分野として厚生労働省や内閣府が関わり、育児休業や育児手当、労働時間や休暇は雇用分野として厚生労働省が、幼稚園は、幼児教育として文部科学省が担当している。さらに、税制も深く関わっている。このため、各分野の施策の規模や水準を高め、底上げを図るとともに、分野間の連携を進め、相乗効果を高めていくことが重要となる。

両立支援の推進

まず第一は、仕事と子育ての「両立支援施策」についてである。

具体的には、雇用政策として行われてきた出産・育児休業や育児手当、労働時間規制や休暇制度のほかに、保育サービスが深く関係してくる。

これらの政策については、出生率の回復に成功したフランスとスウェーデンの取り組みが参考となる。フランスの出生率は１９７０年代以降低下し続け、１９９３年に１・66となったが、その後上昇に転じ、２０１５年には１・92まで回復を遂げている。出生率回復のため、子育てと就労の両立支援の強化を図り、育児休業の拡大や育児休業期間中の所得保障、託児所と保育ママなどの保育サービスの充実（フランスでは3歳以上の保育・教育は義務化されている）を図った成果が表れたとされている。

スウェーデンの両立支援政策としては、育児休業と育児休業中の所得保障を内容とする「両親保険」（保険料は事業者が負担）を組み合わせた仕組みが導入されている。両親保険からは、妊娠手当や育児のための両親手当などが支給される。スウェーデンは、１９９０年代後半に出生率が低下傾向となり、１９９９年に１・50にまで低下した。これに対して両親手当など両立支援策の強化が図られ、経済回復による女性就業率の向上もあって、11年後の２０１０年には１・98まで回復し、２０１５年現在も１・85となっている。

両国の両立支援政策の特徴としては、手当額などの水準の高さや、選別主義でないユニバーサル（普遍的）な支援を展開していること、さらに、育児休業や労働時間、保育サービスという異なる政策の間で連携がとれていることがあげられる。スウェーデンの例を紹介すると、両親保険から支給される両親手当は、育児休業をした場合に両親合計で４８０日間受給する権利が与えられる。受給できる期間は、子どもが8歳まで(2014年1月以降に生まれた子は12歳または小学校5年修了時まで)で、手当を満額受け取るほかに、労働時間の短縮に振り替える選択肢もあり、労働時間を短縮した場合は、通常の労働時間との差分が手当として支給されることとなっている。

また、育児休業と保育サービスの分担関係も明確になっている。スウェーデンの保育サービスは質量ともに充実しており、保育所のほかに、就学している子どもを対象とする放課後保育所や家庭保育が提供されている。ここで注目すべきは、保育所の対象年齢は1~6歳児、家庭保育も1~12歳児となっている点である。0歳児は、いずれも対象となっていない。その期間は、手厚い育児休業によって両親が交替して勤務を休み、家庭で育児を行うことが十分に保障されているからである。

福井県の取り組み

これに対して、日本の両立支援施策は、多くの課題を抱えている。その中でも、大都市部を中心として、保育ニーズの増大に対応した保育所の確保ができず、その結果、待機児童が大きな社会問題となっている。

この問題については、地方自治体における保育所の整備に向けた一層の努力が求められる

図４－８　福井県における仕事と子育ての両立支援の取り組み

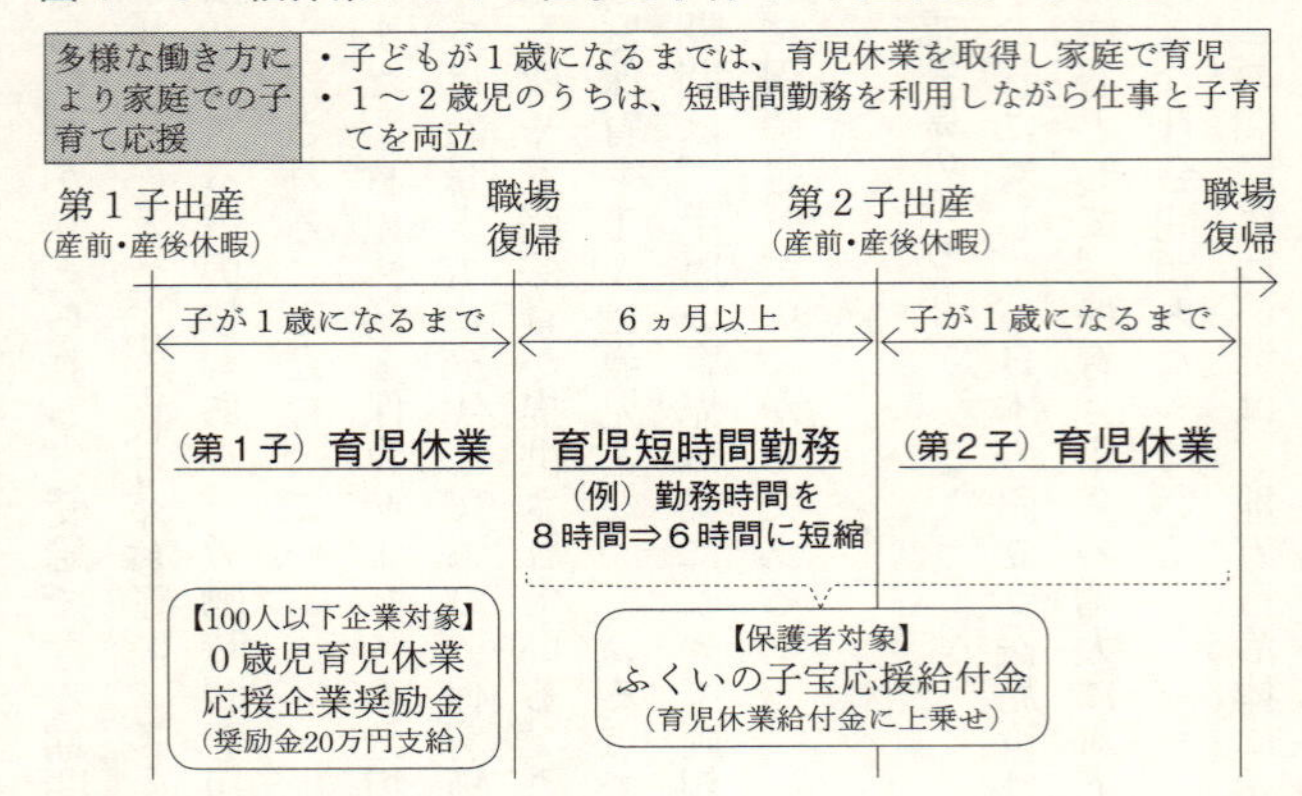

（資料）2015年版厚生労働白書をもとに筆者作成

が、あわせて、育児休業の充実強化に取り組むことが重要である。日本の保育所は、スウェーデンと異なり０歳児も入所しており（２０１６年4月現在で、約13万７０００人）、０歳児の保育については、両親からは「1年間育児休業を完全にとって育児できる環境にない」「待機児童がある現状では、０歳児の時点から入所してないと入れなくなる」といった切実な声が寄せられている。こうした声を受け止め、若い世代の賃金引き上げも含め育児休業の保障水準をもっと高めるとともに、育児休業後の職場復帰を保障することにより、両親が安心して勤務を休み、０歳児を育児できる環境を作る。そして、1歳児以上は安心して保育所に入所できるようにする。そうした保育所整備と育児休業の推進の、両者が連携した取り組みが望まれる。

日本の地方自治体の中には、こうした政策間の連携を高め、網羅的できめ細かい両立支援を独自に行っているところがある。先ほどから紹介している福井県である（図4－8）。福井県は、子どもが1歳になるまでは、育児休業を取得し家庭で育児を行い、1～2歳児のうちは、短時間勤務を利用しながら子育てと就労を両立させることを応援している。そのため、①中小企業に対する「0歳児育児休業応援企業奨励金」や②1人目の子どもの育児のために短時間勤務をすると、育児休業給付金が低くなり、2人目の子どもを持つことをためらうことから、フルタイム勤務であればもらえたはずの給付金との差額を支給する「ふくいの子宝応援給付金」を創設している。参考になる取り組みである。

経済的支援

第二は、経済的支援の強化である。

若い世代を対象にした経済的支援としては、児童手当といった子どもに着目した現金給付がある。子育てには費用がかかることなどから、日本に限らず先進国では、子どもを持つ世帯に対して、一定額の現金給付を行っているのが通例である。日本では、児童手当として、子どもが0歳～中学校3年生までを対象に月額1万円～1万5000円が支給されている（ただし、扶養親族等の数に応じた所得制限がある）。

これに対して、実際にかかった費用負担を軽減する支援形態もある。例えば、すでに多くの地方自治体が実施している、子どもの医療費の自己負担分の軽減・免除である。これ以外にも、地方自治体では、教育費や居住費など様々な形で、費用負担の軽減措置が講じられている。

このように経済的支援は、様々な角度から実施されているが、現状においては必ずしも十分な政策効果をあげているとは言い難い。それぞれの施策の規模が小粒であることが要因の一つであり、全体的な底上げを図るとともに、重要度が高い分野により一層の力を注いでいくことが必要である。

重要度が高い分野としては、二つのものが考えられる。

一つは、教育費用の軽減もしくは無償化である。教育費は、前に述べたように子育て費用のうち最も大きな割合を占めており、経済的支援としての効果は大きい。しかも、すべての子どもに対して教育の機会を与えることを保障する点では、公平性も確保されている。さらに優れているのは、子どもに対する教育は、低所得家庭の「貧困の連鎖」を防止する上でも効果が期待できることである。ただし、保育所については、大都市部では整備が追い付かず、希望しても入所できないケースが今なお多い。こうした人々にとっては、保育費の無償化の効果は及ばないという問題が残る。

他の一つは、多子世帯に対する支援である。フランスの家族手当（児童手当）は、子どもが２人以上の家庭を対象に支給され、３人目以降は２人の場合に比べ多額の加算が行われる仕組みとなっている。育児休業でも３人以上の子を持つ場合は優遇されている。多子世帯においては子育て費用負担が大きくなることを踏まえた措置であり、参考となる。

この二つは必ずしも対立し合う性格のものではない。教育費に対する支援は、多子世帯に対する支援としても効果が期待できる。教育費は子どもの数だけ増えるわけであり、しかも、多子の場合は、負担が一時期に集中するケースが多いからである。

サポート体制の「包括化」

次は、親子のためのサポート体制の「包括化」についてである。

対象となるのは、第３章でも述べた、社会的孤立のリスクを抱える親子である。社会的孤立の問題は、従来はひとり親家庭など限られた問題として考えられてきた。しかし実態としては、都市部を中心に、長時間労働の夫に頼ることができず、親族も近くに住んでいないため支援を受けることができず、そして地域とのつながりも弱い母親が、相談相手がなく孤立感を深めている状況がある。中には、産後の心身ともに不安定な時期に「産後うつ」と呼ばれる状態になる場合もある。母親が安心、安全に出産し、子育てができるようにするためには、心身両面のサポートが重要である。ところが、現状ではサポート体制が、妊娠期は妊婦健診機関、出産時は産科医院、産後は市町村の保健所、子育ては小児科と保育所というようにバラバラで、相互の連携も十分とは言えない。

こうしたことから、妊娠期から、出産、子育て期にわたる様々なニーズに応じた相談支援をワンストップで対応し、切れ目のない支援を提供する取り組みが始まっている。

モデルとなっているのは、フィンランドの「ネウボラ（neuvola）」である。ネウボラとは「アドバイスの場所」という意味で、すべての母親たちが妊娠期に直接のアドバイスを受け、必要な時には直接の援助が得られるようにする目的で始まったものである。母親をはじめとする家族を丸ごと対象に、妊娠期から乳幼児期、就学前まで一貫してサポートする身近な地域拠点として活動しており、フィンランド全体で約800ヵ所設置されている。保健師や医師、心理士など専門職の多職種チームによるサポートが行われており、同じ保健師が「かかりつけ保健師」として、親子を継続的に支援することが特徴の一つである。ネウボラでは、両親と子どもに対する相談・情報提供・健診のほか、父親も加えた両親学級（産前産後に8回）を開催しており、子どもが生まれたことに伴い生じる生活変化や戸惑いに関するトレーニングなど、子育てに関する様々な情報を習得することができる。

日本においても、地方自治体において先駆的な取り組みが行われている。三重県名張市は、

2014年度から「名張版ネウボラ」を始めた。名張市は、小学校区単位で、市の保健・福祉の専門職を配置した「まちの保健室」を設置しているが、そこに2～3人の「チャイルドパートナー」を配置し、これまで孤立しがちであった妊娠段階から出産・育児までの間を含めて様々な相談を受け止めている（2016年度537組、728件の面接件数）。また、市のサービス調整の仕組みを活用して、相談内容に応じて、市や各地域が行っている様々な子育て支援や母子保健サービスにつなぐ取り組みを行っている。あわせて、要望の高い産後ケアの体制も、地域の産婦人科・小児科医療機関や助産所、保育所との連携により充実が図られている。

政府も、こうした動きを踏まえ、2015年度から「子育て世代包括支援センター」の整備に取り組んでいる。このセンターは、妊娠期から出産、子育て期にわたる総合的な相談支援を行う拠点となることを目指している。高齢者に対する「地域包括支援センター」が、2005年に介護保険法改正によって導入されたことに比べると10年の遅れとなるが、今後の展望として、子育て支援にとどまらず、若い世代（特に若い女性）が抱える健康問題や妊娠、出産、不妊などに関する相談を幅広く受け止め、地域で支えていくセーフティネットとして機能していくことが期待される。前にも述べた「共生支援」の観点から、各分野の取り組みを「包括化」したサポート体制を構築することができれば、若い世代にとって大きな支えとなる。

子育て支援の財源をめぐって――三つの方策

以上、給付面の課題として子育て支援施策の強化を取り上げてきたが、こうした給付の強化を図っていくためには、それを裏付ける財源をどう確保するかが大きな課題となる。現在、子育て支援の財源を強化する方策として考えられているものは、大きく三つある。

第一は、日本の社会保障を社会保険とともに財政面において支えている、税財源を強化することである。「社会保障・税一体改革」は、その取り組みの一つで、消費税というすべての世代が公平に広く負担する租税の税率を引き上げ、その税収を子育て支援などに重点的に投入するというものである。２００８年以降本格的な議論が始まり、その後の議論を経て、消費税を10％へ引き上げる方式が決定され、それに基づき２０１４年には8％への引き上げが実施された。具体的には、消費税からの７０００億円程度を含めて全体で１兆円超を子育て支援に追加的に投入することが示され、７０００億円についてはすでに財源が確保されている。今後、この議論がどう進展するかは、大きな意味を持ってくる。

第二は、第2章で触れた「こども保険」のような形で、子育て支援のための新たな社会保険を導入することである。

この提案がなされて以降、子育て支援の財源をどのように確保するかをめぐり、各界の論議が高まった意義は大きい。社会保険である以上、前に述べたように「負担と給付の関係性」などが問われ、子育て支援を社会全体で支える形で制度設計できるかどうかといった課題があるが、社会保険とは何か、また、日本の社会保障が抱える構造的な課題は何かを考えていく上で、重要な問題提起である。

第三は、権丈善一氏が提唱している「子育て支援連帯基金」（以下「連帯基金」）の構想である。これは第3章で触れたように、「こども保険」の議論の一環として取り上げられているもので、年金や医療保険、介護保険が自らの制度における持続可能性や将来の給付水準を高めるために、連帯基金に拠出し、この連帯基金を子育て支援に活用するという構想である。こども保険のように、子育て支援のための保険料を独自に徴収するのではなく、すでに存在している社会保険が拠出し合うという意味で、社会保険方式を活用した考え方である。社会保険方式を中心とする日本の社会保障の基本構造との調和を保ちながら、その上に「制度間連帯」という新たな形態の支え合い機能を付加するという点で、優れた提案であると言えよう。ただし、当然ながら、拠出する側に回る各制度との調整のためには、様々な角度から議論を尽くすことが求められる。

「全世代型」の支え合い構造

こうした子育て支援の財源をめぐる議論は、「全世代型」の社会保障へ転換していく上で、負担面における「支え合い構造」をどのように再構築していくか、というテーマに直結する。

日本の社会保障は高齢期の支援が中心となってきたが、このことを負担面で支えてきたのは、「世代間」の支え合いを重視した構造であった。これを人口減少時代にふさわしい「全世代型」の支え合い構造へ転換していくためには、第2章で述べたように、「世代間」と「世代内」の支え合いのバランスを調整するとともに、「高齢者世代内」の支え合いを強化することが求められる。

そして、これに加えて必要となるのが、人口減少時代において「社会保障の基盤」そのものを強化していくことである。

日本社会を「持続可能な社会」とするためには、中長期的に社会保障（特に社会保険）を担う「支え手」を、量（人数）と質（負担力）の両面にわたって強化する施策に対して、一部の世代や職業などに限定せず「社会全体」で費用を負担することが重要となる。

具体的な対象となるのは、一つは、人口減少の流れを変え、将来社会保険に加入していく次世代の減少をできる限り食い止める「子育て支援」の分野であり、もう一つは、第3章で述べた、社会的孤立のリスクを抱えている人々が自立し、生きていく力を強めることにより、年金や医療、介護の「支え手」の輪を広げていく「エンパワーメント」の分野である。第１章で、社会的孤立や格差の問題と人口減少の問題は、切っても切り離せない関係にあると述べたが、施策の財源問題を考える上でも両者の関連性は高い。

これらの分野の取り組みを強化し、その費用を社会全体で負担することが、「全世代型」の支え合い構造の重要な柱の一つとなる。子育て支援の財源をめぐって様々な提案がなされているが、従来のように個々のリスクに個別に対処することだけではなく、こうした社会保障の基盤強化のために支え合うという視点からの検討が重要となる。

経済界の理解と協力がカギ

こうした財源をめぐる議論においては、経済界の理解と協力がカギを握っている。これまで述べてきたように、日本の社会保障は、様々な局面において、雇用（企業）と深く関わり合いながら発展を遂げてきた。その関係は、一方向のものではなく、双方向である。企業は社会保障を財政や運営面などで支える一方、社会保障は、企業に勤める従業員の生活を保障し、安心して働く環境を整備してきた。

そして、今日、人口減少時代が到来し、人手不足が深刻になる中で、子育て支援、特に仕事と子育ての両立支援は、企業にとっても自らの問題として重要性が格段に高まっている。

さらに、次世代を担う子どもの育成は、将来の労働力の確保の意味も持っており、子育て支援と企業との関わり合いは、ますます深まっている。

例えば、保育サービスは、現在、国と地方公共団体の税によってまかなわれているが、これは、保育制度の対象となる児童が「保育に欠ける」という限られた存在であるとされ、戦後に福祉政策として導入されたことが背景となっている。しかし、現在では共働き世帯は1100万を超えており、今後、女性の就労がさらに進んでいくとすれば、福祉の考え方のみでは捉えきれなくなると言えよう。また、企業にとって保育サービスは、従業員が生産活動に従事するために、その子どもの育児を地域が代替していると捉えることもできる。保育サービスの整備が進まないと困るのは、仕事と子育ての両立に苦しむ夫婦だけではない。企業も困る。

経済界に求められる協力としては、前に述べたような育児休業のさらなる充実や事業所内保育の推進などもある。また、現在すでに、事業主は児童手当に対して拠出金を負担していることにも触れておかなければならない。

しかし、出生率の回復という大きな目標を実現するためには、今後、経済界に、より大きな役割を担ってもらうことが欠かせない。出生率を回復したフランスでは、企業のイニシアティブによって家族手当が創設され、現在でも家族手当金庫の財源の62・0％を事業主が拠出している（２０１５年）。このように、経済界が子育て支援に大きな役割を果たしているのである。

第5章　人口減少に適応する

1　社会保障の効率化と多様化

加速、若年先行、地域差

本章は、締めくくりとして、社会保障を「人口減少に適応したシステム」へ切り換えることについて考える。仮に出生率が回復しても、相当の期間、相当な規模での人口減少はどうしても避けられない。このため、これまで人口や社会ニーズが増大することを前提に形作られてきた社会保障は、大きな転換期を迎える。

まず、今後、日本の人口減少は、どのように進むのかを見てみよう。

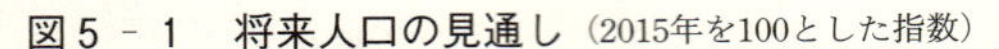
図5－1　将来人口の見通し（2015年を100とした指数）

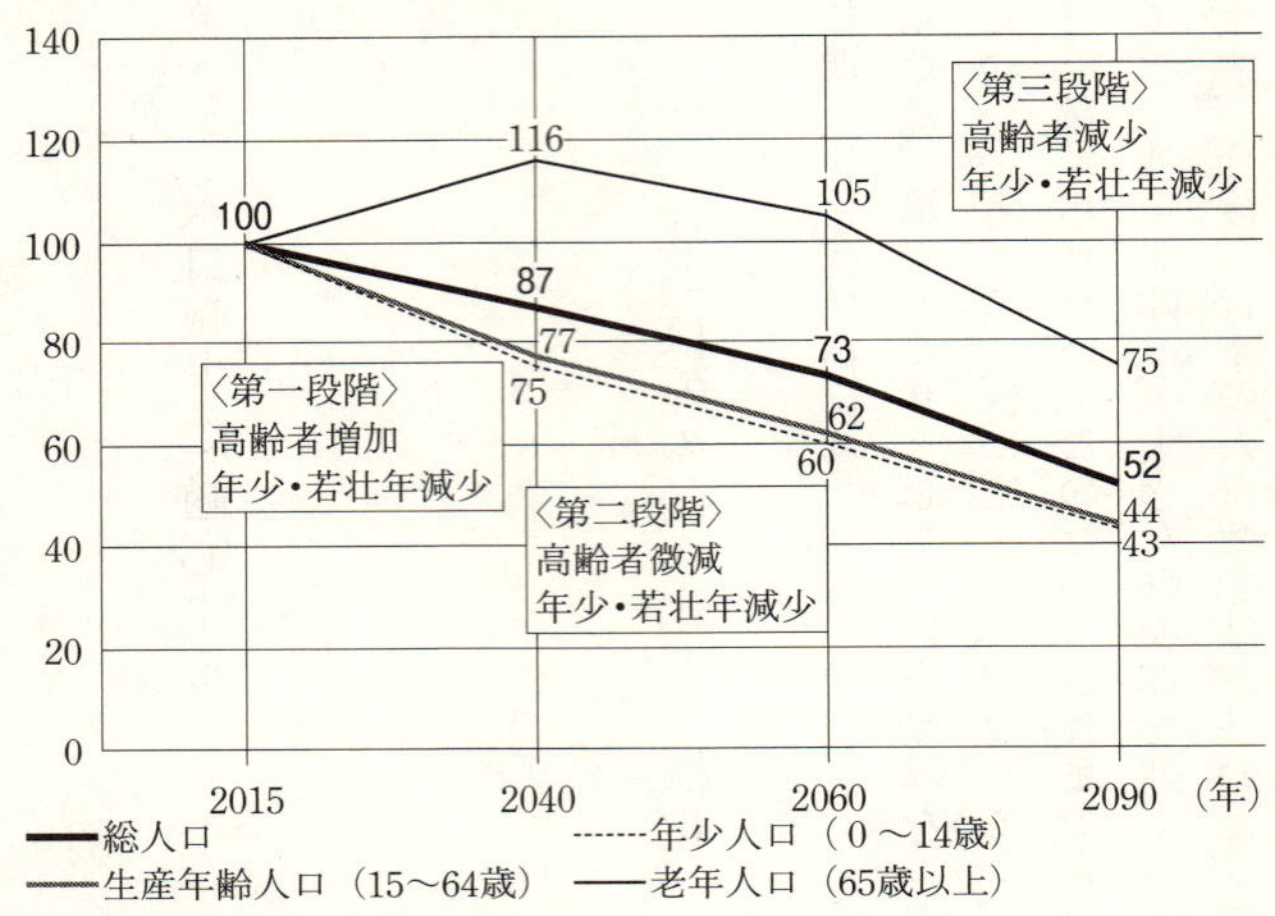

（資料）国立社会保障・人口問題研究所「日本の将来推計人口（2017年推計）」（出生中位〔死亡中位〕推計）をもとに筆者作成

日本の将来人口は、このまま推移すると、三つの段階を経て進行していくと予測される（図5－1）。2040年までの「第一段階」は、長寿化の影響があり高齢者はまだ増加するが、子どもや若壮年層の人数は減少する。次の2040年から2060年までの「第二段階」は、高齢者も微減に転じ、その他の年齢層はさらに大きく減少する。そして、2060年以降の「第三段階」は、高齢者も含めて、すべての年齢層が減少していく、というものである。

このことから、人口減少は、決して単純な動きでないことがお分かりいただけると思う。重要な特徴として、次の三点をあげることができる。

第一が、時間が経つにつれて、人口減少のスピードが「加速」していくことである。

よく人口の増え方を「ネズミ算のように」と言うが、それと逆の姿で減少していく。社人研の２０１７年推計によると、２０２５年頃は年間約64万人の減少であるが、２０３０年頃は約75万人、２０４０年頃は約89万人、２０６０年頃は約94万人の減少となり、その後は、おおむね同じペースで減少していくと見込まれている。したがって、現在の状況をそのまま引き延ばしていくような対応では、到底追いつかない。将来の社会の姿をイメージし、起きる事態を先取りして「先手、先手」の対応をとり、準備を怠らないことである。そして、人口減少に歯止めをかけるためには、できる限り早く対応策を講じていく必要がある。

第二が、人口の減り方が年齢層によって異なり、最初に「子ども（年少人口）」、次に「若壮年（生産年齢人口）」、最後が「高齢者（高齢人口）」という順序で減少が進んでいくことである。

このことは、何を意味しているか。労働力で考えると、まず新規に参入する若年層の労働力が大きく減少することになる。あわせて、相対的に人口が多い中高年層が順次リタイアしていくため、このままだと、日本全体で「人手不足」が非常に深刻になる。人手不足は、今日でもすでに一部の業種や地域で深刻になっているが、時間の推移とともに、すべての分野や地域に広まっていくことが予想される。また、一見すれば明らかなように、子どもや若年層に関連する分野のニーズは縮小していく一方で、高齢者に関するニーズは当分は拡大し続けることとなる。

第三が、人口減少の進展状況が、地域によって大きく異なっていることである。

先ほどの三つの段階で言えば、第一段階にあるのは、東京圏や政令指定都市、中核市（人口20万人以上）などである。これに対して、かなりの数の地方都市は第二段階に進んでおり、過疎地をはじめとする地域はすでに第三段階にまで至っている。

なぜ、このように大きな地域差が生じたかと言えば、戦後、若者を中心に地方から大都市部へ人口が大量に移動し続けたためである。早い時期から人口の再生産を担う若年層が流出した地方は、早くから人口減少が始まり、深刻化していった。これに対して、若年層が流入し続けた大都市は、人口減少の到来が遅れた。これが地域差の原因である。しかし、超低出生率に悩む大都市部も、早晩、本格的な人口減少段階を迎えることは確実である。

筆者は、地方の人口減少対策を中心とした地方創生に取り組んできた経験があるが、各地を訪ねると、すでに第二、第三段階になっている地域では人口減少問題に真剣に取り組んでいる姿を目の当たりにする。これに対し、大都市などの地域では温度差があるのを感じる。

しかし、この問題は、「時間の差」があるだけである。先に人口減少を迎えた地域は、日本が抱える課題に先行して取り組むことになるわけで、その中で打開策を見出し、先駆けとして再生を果たすことが期待されるし、まだ時間的余裕がある地域は、そうした先行事例も参考にしながら、今の時点から将来に向けた対策に取り組んでほしいと思う。

「縦割り・横並び」が作られる過程

それでは、人口減少が社会保障に与える影響を考えたいが、その前に、これまでの人口増加が、日本の社会保障の制度体系にどのように作用してきたかを取り上げる。

繰り返し述べるが、日本の社会保障は、創設以来一貫して「人口増加」の下で形作られてきた。人口が増加し続けると、社会保障に対するニーズは量的に増大し、質的に多様化していく。ニーズの拡大に伴い、長年にわたって形作られていったのが、「縦割り・横並び」の仕組みである。これには、第2章で述べたように、日本の社会保障が社会保険方式を中心として個々のリスクに個別に対処する制度体系を作ってきたことが大きく影響しているが、問題は、社会保険だけにとどまらない。そのことを政策立案プロセスの視点から説明しよう(図5－2)。

まず「横並び」からである。カギとなるのは「規格化」と「均霑化(きんてん)」という言葉である。「規格化」は、制度や事業が形作られていくプロセスを貫く考え方である。通常、制度や事

図5－2 「縦割り」と「横並び」の形成（イメージ）

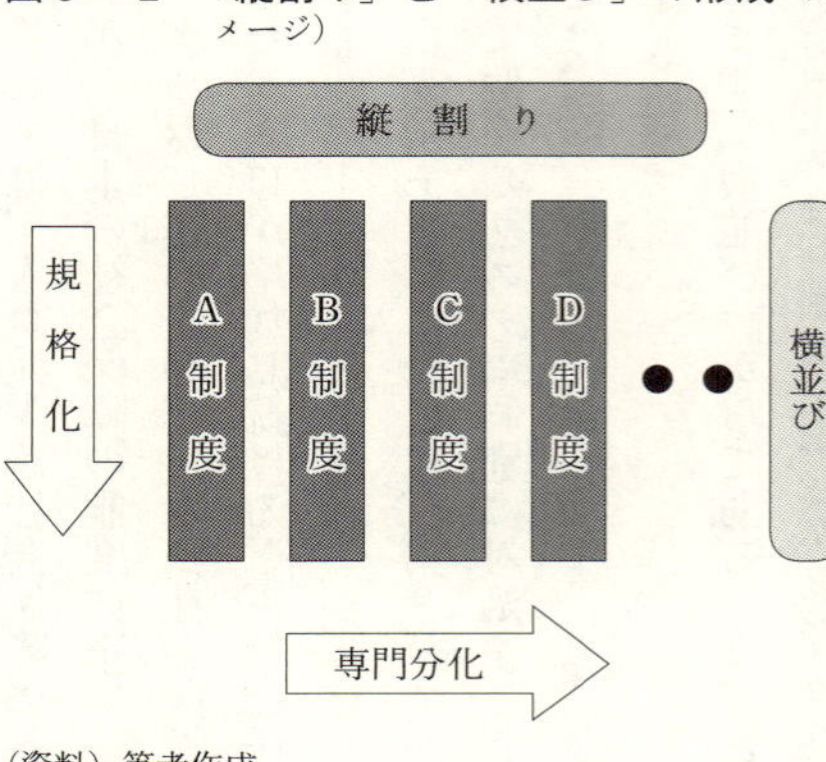

（資料）筆者作成

業の発端は、地方自治体やサービス当事者などの現場における取り組みであることが多い。彼らが住民などのニーズを汲み取り、自らの現場感覚によって自主的に取り組み始める。国は、そうした現場の動きを注視し、有益と思われるものは、制度化できるかどうかの検討を始めていく。例えば、国のモデル事業に取り上げ、その中で様々な角度から制度化の可能性を検討していくこととなるが、その過程では、通例、その地域や現場のみに通用するような独自性の高い部分は削ぎ落とされ、規格化されたものへと変えられていく。それは、社会のニーズにいち早く応えて、制度や事業を全国に一定以上の水準をもって「均霑化（平等に恩恵が受けられるようにする）」することが、国として求められているからである。一方、最初に取り組みを始めた現場サイドも、自主的に始めた事業はいずれかの時点で財政面などの壁にぶつかることが多いため、不満は持ちながらも、こうした規格化を受け入れることとなる。

こうして全国一律の「横並び」の制度や事業が作られていく。中でも社会保険のサービスとして制度化する場合、規格化がより強く要請されることは前に述べたとおりである。

「縦割り」の方は、「専門分化」がポイントとなる。社会保障に対するニーズは量的な増大だけでなく、質的に多様化していくことが多い。そうなると、制度の方は、ニーズの多様化に、よりきめ細かく対応していこうという動きとなる。当初は、既存制度を工夫することで対応されるが、それがある時点で限界に達すると、新たな制度を作り出していく専門分化のプロセスに移り、それが社会的にコンセンサスを得ると、新たな制度の創設となる。制度の専門分化は、その分野の「専門人材」の育成・確保、「専門窓口」や「専門施設（センター）」の設置を伴う場合が多い。こうした動きは、一旦制度が作られても、ニーズが多様化する限りは終わることはなく、細胞分裂のようなプロセスが繰り返される。このようにして、膨大な「縦割り」の仕組みができあがってきたのである。

筆者は、「縦割り」や「横並び」の動きがすべて悪いと言っているわけではない。利用者のニーズにきめ細かく対応し、それを全国に広めていこうとすること自体は、決して非難されるべきことではない。

ただし、こうした「縦割り・横並び」の仕組みを維持することができたのは、それを支える人材をはじめ社会資源が豊富に存在していたからである。その社会資源が急速に減少していくのが人口減少時代である。これまでのような対応では、必要なサービスが確保できなくなるおそれがある。そのような事態を避けるためには、社会保障システムの方を転換しなければならない。その時に求められる視点は「効率化」と「多様化」である。

効率化と多様化へ

社会保障は、非常に大きな社会システムである。

このシステムが十分に機能するためには、様々な社会資源が必要となる。社会資源は広範にわたるが、ここでは社会保障と密接な関係にあり、それを直接支えている社会資源として、「人材」「すまい」「地域組織」の三つを取り上げる。

人口減少は、これらの社会資源に対して甚大な影響を与えていく。医療や介護、子育てのサービスには、それを支える「人材」が不可欠だが、その人材が、若年層を中心に急激に減少する。そうなると、いくら仕組みを作ってもサービスは提供できないことになる。「すまい」の問題もある。このままだと、人口減少によって居住空間が「希薄化」し、地域で日常生活を維持し、サービスにアクセスすることが困難となってくる。地域ケアのように、安心、安全な地域に住んでいることが前提となっている政策は、すまいの面で行き詰まることも懸念される。そして、「地域組織」である。社会保障において、地域は大きな役割を果たしてきた。それを中心的に担ってきたのは地方自治体、とりわけ市町村である。その市町村をはじめとする地域の状況が、今後人口減少が進行する中で大きく変わってくる。社会保障のニーズは、これからも当分の間は増大し続けるかも知れないが、社会保障を支える社会資源の方はすでに縮小が始まっており、今後さらに縮小し、衰退しかねないのである。

それゆえに、社会保障は、この面でも大きな転換期を迎えることとなる。人口減少に適応していくためには、社会保障システムの「効率化」と「多様化」を進めなければならないと述べたが、具体的な課題は、この「人材」「すまい」「地域組織」に関わる問題に集中している。

「効率化」は、今後減少が見込まれる社会資源を、いかに効率的に活用していくかである。効率化というと、社会保障の機能が低下していくかのようなイメージを抱くかも知れないが、決してそうではない。日本の社会保障を、より少ない資源投入で、より大きな効果をあげることができる効率的なシステムへと再編成する、絶好のチャンスと考えるべきである。人口減少は、日本の経済社会全体に対して、生産性の向上を強く求めていく。社会保障システムの効率化は、そうした動きに即するものであり、かつ先駆けともなり得る。

「多様化」は、先ほど述べたように人口減少の進展状況が、地域によって大きく異なることから要請される。人口減少時代には、社会保障についても、全国一律の形で対応することは困難となり、むしろ、一つの枠にはめようとすることは不合理となる。多様化に向けて、組織や体制を大きく切り換えなければならない。

2 サービス改革

人材が支える社会保障

効率化が最も求められる分野が、「人材」である。

人材とは、医療、介護、福祉など社会保障サービスを現場で支えている人々であり、社会保障にとって最も重要な社会資源の一つである。この人々の日夜の活動なくして、社会保障は一日として成り立たない。

2015年の産業別雇用者数を見ると、医療・福祉分野の雇用者数は約784万人で、製造業（全体）、卸売業・小売業に次ぐシェアを占めている。しかも、前年に比べた雇用者の増加総数は約45万人であるが、そのうち医療・福祉分野は約27万人と、他を圧倒している。製造業や卸売・小売業の中にも製薬産業などの社会保障サービスに深い関係がある職種もあるので、正確にはもっと多くなるだろう。さらに、サービスの現場では、地域の様々な組織やボランティアなど多くの人々が参加しているほか、制度を運営していくための国や地方公共団体、さらには健康保険組合などに勤める人々も含まれてくる。

これまで社会保障は、多くの人材を投入することにより発展を遂げてきた。

その典型的な例として、介護保険があげられる。厚生労働省の調査によると、2000年の制度導入以降、介護サービスの利用者は急速に増加し、2015年度で約484万人に達している。15年間で3・2倍の伸びである。この介護サービスを支える人材も急速な勢いで増え、2015年度で約183万人となっている。これは、利用者を上回る3・3倍の伸びであり、年平均で見ると10万人のペースで増え続けている計算となる。

なぜ、このように介護人材の急速な増加が実現できたのだろうか。その大きな背景として、日本の雇用情勢があったことは間違いない。第1章でも述べたが、1997年から始まる経済低迷の中で、失業者が増加し非正規化が進むなど、雇用情勢は厳しい情勢が続いた。とりわけ厳しかったのが、地方である。経済不況に加え、2002年以降は公共投資が抑制されたことにより建設関係の需要も落ち込み、人口減少が始まっていた地域では、消費も縮小に向かっていった。こうした地方雇用の急速な縮減を補ったのが、2000年に導入された介護保険をはじめとする社会保障分野の雇用増であった。

介護保険や医療保険などでは、一般的には高齢者が増えると、それに必要なサービスが増

図５－３　2003年から2013年の職業別・地域別就業者数の増減

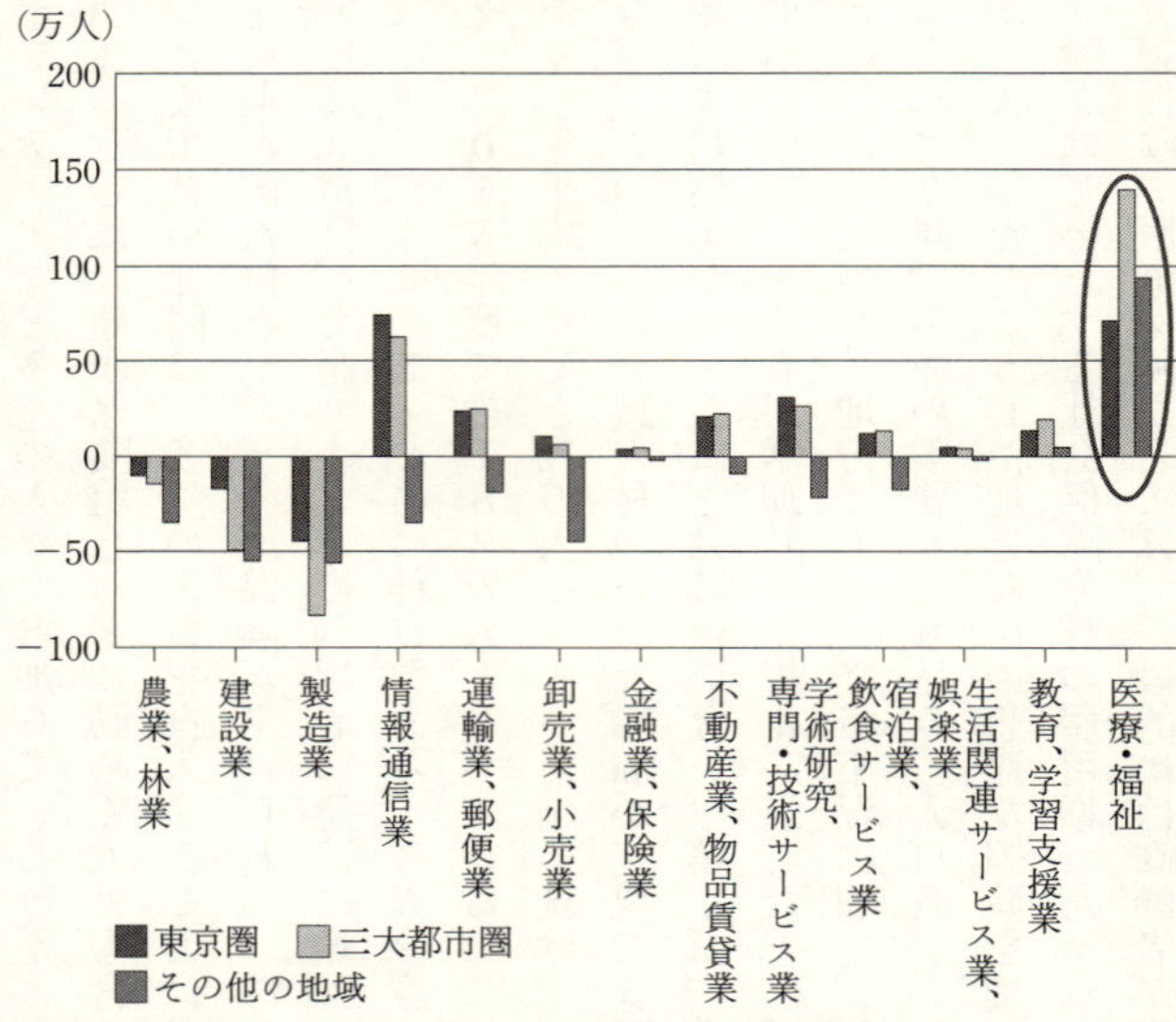

（資料）内閣府資料、総務省統計局「労働力調査（基本集計）」2003年、2013年データにより作成。2003年データについては、2013年の産業分類と整合を取るため、労働力調査をもとに内閣府にて推計した値を一部使用

え、それに伴う人材が必要となる。日本の場合は、高齢化は地方から先に始まり、１９９０年代後半からはまさに地方は高齢者の急増期を迎えていたのである。要するに、当時は介護問題と言えば、地方の問題であった。

図５－３は、２００３年以降10年間の分野別の就業者増減を三つの地域区分で見たものである。これを見ると明らかなように、地方では、農業、建設業、製造業、卸売・小売業など各分野が軒並みに就業者を減らしているのに対して、

「医療・福祉分野」は大きく増えている。地方において高齢化により社会保障ニーズが増大するタイミングと、地域雇用の新たな「受け皿」づくりを必要としたタイミングがちょうど合致していた、ということになる。

当然ながら、こうした現場における人員増は、社会保障関係者にとっても喜ばしいことであった。人材の増加は、サービスの量的な拡大に応えるとともに、質の改善をもたらした。例えば、特別養護老人ホームの職員配置基準（何人の入所者に対して1名の職員を配置するかの基準）は、介護保険導入前は4対1であったが、それが3対1に引き上げられた（その後も、特養をはじめ介護施設の職員体制は強化され、現在は実態としては2対1の水準となっている）。この方針には、それまで介護体制の薄さに苦悩していた介護現場から多くの賛意が寄せられた。

人手不足の深刻化

ところが、今や事態は大きく変わった。すでに介護分野や保育分野をはじめ社会保障のサービス全般にわたって、各事業者は人手不足で頭を抱えている状況にある。

それに加えて、今後は人口減少が本格化することにより、本章冒頭の図5－1で見たように、若年層をはじめとする生産年齢人口が大幅に減少する。高齢者の方はどうかというと、都市部を中心に、当分の間は増え続けることが予測されており、ニーズは高まる。地方の中には高齢者がもう増えない地域も出始めているが、こうした地域はそれ以上に若年層が減少するため、人手不足はやはり深刻となる。

社会保障の将来推計によると、これからのニーズの増大を踏まえると、２０２５年には２０１２年の水準に比べて看護職が70万〜80万人、介護職が90万〜１００万人追加的に必要となると試算されている。仮に、この増加分すべてを毎年の新規学卒者でまかなうとすると、年間学卒者の男女総数を約１２０万人として計算するならば、そのうちの10％近い人が毎年看護と介護の仕事に就かなければならないことになる。とても想像できない。もちろん、現在は、資格を持ちながら業務に就いていない潜在看護師・介護職を掘り起こす努力が進められているが、それも限界があるだろう。処遇の改善は重要だが、他の産業分野も人手が逼迫している情勢で、どこまで効果があるのか。また、それだけの人材を医療・介護分野で占めてよいものかという議論もあるだろう。

一方で、介護保険もそうだし、医療保険もそうだが、必要なサービスを利用希望者に安定的に届けることが制度の最大の使命である。このままでは、その使命を果たすことができない重大な事態を迎えるおそれがある。

サービス改革、三つのアプローチ

そうなると、社会保障は、これまでのように多くの人材に依存したサービス構造を転換するしかない。今後は、より少ない人材で、より質の高いサービスを提供する「サービス改革」を推進していく必要がある。なお、人材不足への対応策の一つとして提案されているものとして「外国人労働の拡大」がある。この問題は、何も社会保障分野に限ったテーマではないので、本書では取り上げないが、外国人労働の問題にどう対応するかにかかわらず、サービス改革の重要性は基本的に変わらない。

サービス改革は、三つのアプローチを並行して進めていくことが考えられる。第一が「イノベーション・アプローチ」、第二が「サービス融合アプローチ」、そして、第三が「人材多様化アプローチ」である。

第一の「イノベーション・アプローチ」は、ICT（情報通信技術）などを活用して、業務の簡素化、効率化を進めていくことである。まず、徹底して不要な業務をなくす。最近、介護保険の現場で働く人からよく聞くのは、制度や手続きが複雑になって書類作成などの業務が増大しているということである。「書類ばかり作らされる。もっとケアに時間をさきたいのに」と言われることが多い。これは国や地方自治体の問題であるので、申請・提出書類を徹底的に減らすなどの措置を早急に講じる必要がある。細分化された仕組みや手続きは整理統合しなければならない。一方で、介護や医療では、利用者のケア内容に関する情報交換や報酬請求など、どうしても必要な業務がある。これは、ICTの活用を進めるべき分野である。国が電子化した業務記録管理ソフトを配布してもよいと思う。徹底的なペーパーレスを実現することは、ケアに専念したい人々を勇気づけることにもなる。ケアの面でも、ロボットの導入やICTの活用は大きな期待が寄せられる。介護現場で働く人々の悩みの一つは、高齢者の体を抱き上げる行為による腰痛である。この腰痛防止の上でも装着型ロボットは有効である。見守りシステムなどの活用も期待できる。

第二の「サービス融合アプローチ」は、高齢者介護や障害者福祉、保育など各分野の施設やサービス拠点を統合し、業務の融合を進めていくことである。この考え方は、縦割りを是正する観点から、「共生型施設」という形で進みつつある。これまでこの取り組みは、二つの面から推進されてきた。一つは、「共生ケア」という観点からである。高齢者と障害者、子どもなどが一緒の場所でケアに参加し、相互に交流するもので、特定非営利活動法人ディサービス「このゆびとーまれ」(代表、惣万(そうまん)佳代子氏)が始めた「富山型デイサービス」と呼ばれる取り組みが先駆者である。そこでは、高齢者と子どもたちが一緒におしゃべりをしたり、外出をしたりと、一つの家族のような自然な生活の場となっている。第3章で述べた「共生支援」、すなわち、共に生き、暮らす社会の形成を支援する考え方そのものであると言える。

他の一つは、人口減少に対応するため、一ヵ所で既存の制度の枠組みを超え、多様なサービスを提供する取り組みである。代表例が、高知県が主導している「あったかふれあいセンター」である。中山間地域では、多様なニーズがありながらも、それぞれの利用者が少なく、専門分野ごとのスタッフ設置も難しいことなどから、個別に対応すると、いずれのサービス提供も成り立たないおそれがある。このため、高知県では、高齢・障害等を問わない福祉横断的な支援拠点を地域ごとに設置し、見守りや生活支援、居場所の提供など、住民のニーズに応えるサービスを展開している。その数は2016年度現在、29市町村43ヵ所にのぼる。こうした共生型施設は東日本大震災の被災地でも実践されており、多世代交流・多機能型の拠点として展開されている。

こうした縦割りを是正する取り組みは、「地域共生社会」の実現と人材不足への対応の両面において、今後ますます重要性が高まってくる。

「二階建て」による資格の統合を

第三の「人材多様化アプローチ」は、社会保障サービスに関する専門人材の養成に関わることである。前に述べたように、現在の社会保障制度は、様々なニーズに対応する「縦割り」の仕組みとなっており、人材もそれに沿って分野ごとに専門人材が養成・確保されている。例えば、専門資格も、国家資格として定められているもの（医師、看護師、薬剤師、理学療法士、作業療法士、社会福祉士、介護福祉士、保育士など）や、専門的な研修を受けることに与えられるもの（ケアマネジャーやホームヘルパーなど）など様々である。大学や専門学校等における養成プログラムは各分野で独立して設定され、資格要件・試験も基本的には独立している。

したがって、例えば、ある人が保育士の資格をとりたいとすれば、通常、大学で4年間または短大等で2年間の教育を受けた後に保育士の資格を得るが、その同じ人がさらに介護福祉士の資格をとろうとすると、1年間の教育を受けた上で、資格試験を受けなければならない。しかも、介護福祉士は２１０時間（2ヵ月程度）の現場研修を受ける必要があるので、保育所で働きながら介護福祉士の資格をとるのは実際上は非常に難しい。

そこで、この「縦割り」の専門資格の「相互乗り入れ」が進められないかということである。人材不足に対応する意味では、ひとりの人材が様々な分野で活躍できるようにすることの意義は大きいし、例えば、保育の仕事をした後に、家庭の状況や勤務形態から介護の仕事に移りたいというような場合の転職の「壁」を低くする効果も期待できる。

また、ケアの面でも意義は大きい。行き過ぎた「専門分化」は現場の業務の細分化をもた

図5－4　「共通基礎課程」のイメージ

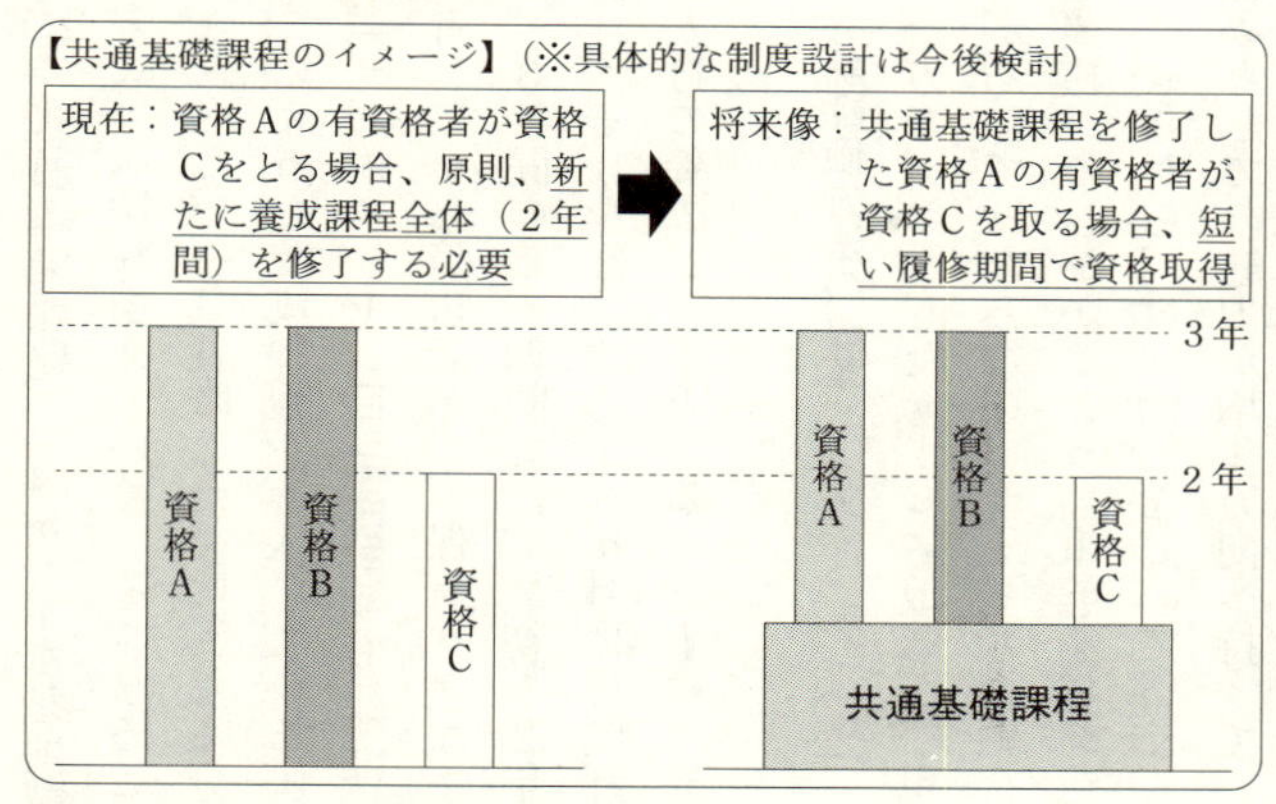

（資料）2016年版厚生労働白書

らしている面がある。ひとりの利用者に数多くの担当者が入れ代わり立ち代わり対応するのではなく、顔見知りの人ができる限り一貫して関わるケアが望ましいことは、認知症ケアで明らかとなっている。資格の統合は、そうした「包括ケア」の方向に沿ったケア業務の改善に資するものである。前述した共生型ケアやサービス融合に対応した人材を養成・確保する意味もある。

問題は、具体的にどう進めるかである。直ちに資格を完全に統合することは難しい面があるので、まず、資格取得者については、一から基礎課程を受けることまで求めずに一定の上乗せ履修で、他資格がとれるようにする措置が考えられる。そして、将来を見据えて、専門人材の養成課程を大きく見直し、医療・福祉の複数資格に「共通基礎課程」（図5－4）を創設し、各資格の専門課程をその上に乗せる「二階建て方式」へ切り換えていく。そうすることによって、当初から複数資格を取得する道が広がるとともに、一旦就職した後に異なる分野に移動することがより容易となる。

このような養成課程を導入している国が、フィンランドである。1993年から導入された「ラヒホイタヤ（lähihoitaja）」と呼ばれる教育システムでは、10の職業資格を統合し、高齢者ケアから障害者ケア、保育ケアまで総合的な養成を目指すカリキュラムが設けられている。3年間の養成期間では、最初の2年間は共通課程として教養科目・職業基礎科目が設けられ、それを修了すると3年目に専門課程を選択することとなっている。これにより、多職種人材の養成が可能となるとともに、異業種間移動も容易になったとされる。

報酬評価方法の改革

一方で、こうしたサービス改革が、現場の職員にさらなる業務の増加をもたらすようなことがあってはならない。サービス改革が、サービスの融合や多職種人材の養成によって、ひとりの職員に過重な業務がのしかかるような事態を招いたら元も子もない。むしろ、1人あたりの業務量を減少させながら、付加価値を高めていくことにより、賃金などの処遇を引き上げ、その結果、職場としての魅力が増す方向へ持っていくことである。

そのためには、現場での働き方改革を制度面でも後押しする必要がある。最も有効なのは、報酬評価方法の見直しである。介護保険では「介護報酬」、医療保険では「診療報酬」と呼ばれているが、介護や医療サービスを提供した事業所に対しては、提供されたサービス内容に応じて報酬が支払われている。この報酬を算定する「評価方法」を見直すことである。

これまで介護報酬では、職員が何人配置されているかを評価の基本に置いてきた。最低限配置しなければならない水準は職員配置基準によって定められているが、一定の条件に沿ってそれを超える職員を追加的に配置（「加配」という）している場合は、報酬が加算されることとなっている。診療報酬でも、看護関係の報酬は同じような方法が採用されている。一種の「ストラクチャー（外形）評価」である。職員配置が厚ければ厚いほど、ケアは厚いという発想であり、それ自体は基本的には誤りでない。しかし、今後、サービス改革を進めていくためには、そうした人材の配置のみを評価するのは適切ではない。

これから重視すべき視点は、「パフォーマンス（生産性）」である。サービス改革の一つのアプローチとして掲げたICTやロボットの活用を支援するため、そうした生産性向上に向けた現場の取り組みを報酬面でも評価する。さらに、ICTを活用した場合には、一定の条件の下で職員配置基準を緩和する措置（必要とされる職員数を引き下げる）も検討すべきである。

生産性という点では、介護や看護、福祉、保育などの業務特性に対応して、仕事の能力や責任度合いなどに応じた評価を行うことも重要である。すでに介護分野では、職業能力を客観的に評価する仕組みとして「キャリア段位」と呼ばれる仕組みが導入されている。これを報酬の評価に加味することは、若くても能力を発揮し、重い責任を負っている人々の働く意欲を高める方向に働くものと考えられる。

同時に、ケアの質の維持・向上を図る措置を講じておく必要がある。生産性を向上していくことは重要であるが、それがケアの質を下げ、対象者の状態の維持・改善を目指す、という本来の目標から遠ざかるようなことがあってはならない。

その方策の一つとして、報酬面で「アウトカム（効果・成果）」の視点を取り入れることは、十分検討に値する。この考え方は、実際にケアが行われた後に利用者の要介護状態がどのようになっているかを判定し、状態が維持・改善された場合には、報酬上も評価しようというものである。介護保険の導入時も、アウトカム評価の考え方から「成功報酬」を導入すべきではないか、ということが相当議論された。結論的には導入は見送られたが、その理由としては、成果の測定方法に関する議論が深まらなかったほか、当時の貧弱な介護体制を強化するために、まず介護職員をできる限り厚くしていくことが優先されたことが大きかった。

しかし、情勢は今や大きく変わっている。これからは、職員配置と切り離して、ケアの成果自体を評価していくことが重要である。アウトカムを評価する取り組みは、いくつかの地方自治体で試行されており、例えば、岡山市はデイサービス改善に向けたインセンティブ事業にアウトカム評価を導入し、事業所に対する独自の表彰・奨励金制度を設けている。こうした取り組みも参考となる。

以上のほかに、ケアの質を確保する上では、ケア現場に第三者の目を入れることも有効な方策と言える。市町村の委託を受けて、介護施設等を訪問し、実際にケアの現場を見たり、利用者の声を聞いて、それをケアの改善につなげる活動を行っているのが「介護相談員」と呼ばれる人々である。2015年現在、4687人の介護相談員が登録され、全国で1万2100ヵ所の介護施設等を訪問しており、ケアの改善に大きな成果をあげている。こうした「透明性」を高める措置をさらに充実していくことが重要である。

これまで人材面からサービス改革の必要性を述べてきたが、ここで改めて強調したいのは、今日、日本の介護などのケア現場は、ケア技術のみならず高齢者への思いやりなどの点において、世界的に高い水準にあるということである。それを支えてきたのは、ひとえに現場の人々の頑張りであったが、このままでは、人材不足によって、それが押しつぶされかねない。このため、サービス改革は、ケア現場を守るためにも避けて通れない課題であり、人口減少がもたらすであろう将来の社会像を先取りして、できる限り早く対応策に着手する必要があ

図5－5　サービス改革の基本方向

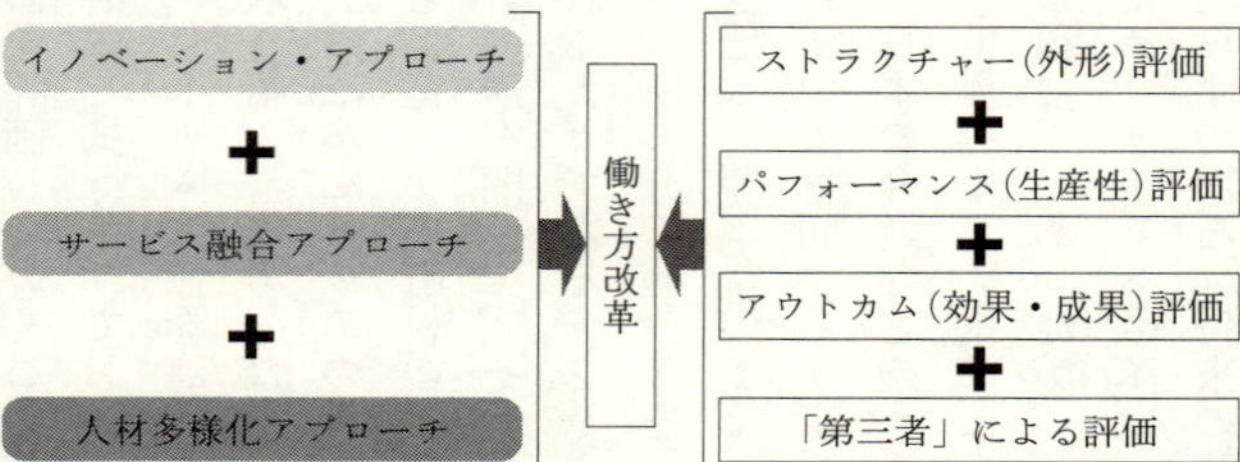

（資料）筆者作成

る。人材やサービスに関わる施策は、準備や現場での定着に相当な時間を要する。したがって、現場に無用な混乱と手間が生じることがないようにするためにも、10年先、20年先を見据え、関係者が改革の方向性を広く共有しながら、一歩一歩着実に取り組むことが重要である（図5－5）。

高齢者のケア現場への参加

以上、社会保障を支える人材について述べてきたが、この問題は専門人材をめぐる対応にとどまるものではない。今後、地域の住民、とりわけ高齢者が介護や子育て支援のケア現場へ参加することは、大きな意義がある。

例えば、介護現場への参加は、介護スタッフの業務軽減に大いに役立つ。介護現場において専門人材が必要なことは確かであるが、業務のすべてについて専門人材が必要なわけではない。食事や入浴の準備・片付け、ベッドメーキングなどの業務、さらに、見守りや話し相手になるといったことは、一般の高齢者であっても十分に可能である。むしろ、介護の現場では、高齢者の気持ちを理解し、共感し得るという点では、高齢者は重要な存在である。したがって、今後は、高齢者が介護の現場に積極的に参加できるような支援策を講じていくべきである。

東京都稲城市では、すでにそうした取り組みを実践しており、成果をあげている。例えば、研修をした高齢者に「介護支援ボランティア」として、食事の準備、見守り、話し相手などの業務を手伝ってもらう制度を設けている。介護支援ボランティアは、手伝いをすればポイントがもらえ、一定のポイントがたまれば介護保険料支払いに充てることができるというものである。地域の介護人材の不足を補うとともに、高齢者自身にとっても、介護を自分たちの問題として意識できる取り組みとして評価されている。

また、地域の子育て支援においても、高齢者が果たす役割は大きい。さらに、様々な理由で社会的孤立のリスクを抱えている人を受け止め、支援していく「地域共生社会」の実現にも、高齢者には重要な役割が期待される。

3　すまいの保障システム

住宅行政と社会保障行政の歩み

次に「すまい」である。

住宅は、人々が安全で安心な生活を送る拠点であり、それゆえに、様々な場面で社会保障と深く関わっている。

しかし、日本では、これまで住宅行政と社会保障行政が分立した形で展開されたこともあり、両者の連携はそれほど密ではなかった。戦後の両者の関係を象徴する歴史的事実としてあげられるのが、１９５１年の建設省（当時）と厚生省（当時）の間の住宅行政をめぐる主導権争いである。住宅行政の一元化の観点から、建設省案として「公営住宅法案」（議員立法）が、また、厚生省案として「厚生住宅法案」が同一国会に提出されたが、結果的には厚生省案は公営住宅法案の修正という形で一元化され、建設省が住宅行政を主導していくこととなった。この後は、住宅行政と社会保障行政は、それぞれが分立し、独自に政策を展開していく歴史をたどった。

建設省による住宅行政は、戦後の住宅の絶対的不足を背景として、「住宅金融公庫」による融資、「公団住宅」の直接供給、地方自治体による低所得者向けの「公営住宅」の提供という政策体系から成り立ってきた。高度成長期以降は、農村人口の都市部への大量移動に伴う住宅難が大きな問題となり、その解消のため、公団住宅等を大量に供給するとともに、「持ち家政策」が強力に推進された。

この持ち家政策によって、勤労者財産形成促進法による個人資産としての持ち家形成の支援や、公的及び民間金融機関による住宅資金貸付の整備、税制面の優遇措置などの政策面の支援措置が整えられるとともに、民間企業による住宅建設も進んだ。こうした政策は、「民間自立」の考え方を基本に置いており、これにより、住宅（持ち家）は、国民にとって、豊かな住生活を実現する拠点であるとともに、資産価値を有する個人資産（特に土地）として位置付けられてきた。日本の景気対策においても、住宅投資は大きな位置を占めてきた。

こうした点で住宅は、社会保障のような公的なシステムとしての生活保障とは異なる政策理念と経緯の下で、今日まで発展してきた。これは、欧州諸国のように、住宅を社会政策の重要な柱の一つとして位置付け、公営住宅や社会住宅（建設・管理に公的助成が行われている住宅）、家賃補助制度に一定の政策的役割を求めてきた展開とは異なるものであった。

高齢者とすまい

このように戦後以来異なる道を歩んできた住宅と社会保障であったが、その後の社会変化に伴い、政策面で数度にわたり接近する機会があり、それを通じて、今日、両者の連関は強まってきている。

第一次の接近とも言えるのは、1990年代後半からの「高齢者ケア」の分野である。高齢化が進む中で、高齢者が心身機能が低下しても、できる限り自立した生活を送ることができるよう、バリアフリーの居住環境を整備する必要性が高まってきた。このため、介護保険の給付に、段差解消や手すりの設置などを対象とした「住宅改修サービス」が盛り込まれた。これは、一般国民の住環境を対象として社会保険給付を行うという点で、初めての政策的対応であった。

また、介護保険は、施設と住宅との関係を再整理するという点でも従来の枠組みから大きく踏み出す契機となった。「有料老人ホーム」や「ケアハウス」はそれまでは福祉の「施設」として位置付けられてきたが、介護保険を機に、これらを「住宅」として位置付け、入居者が受ける介護サービスは在宅サービスとするという考え方が打ち出された。これには、「ケア付き住宅」という新たなサービス類型を導入することにより、介護サービスの革新を図ろうとする意図もあった。これにより、施設と住宅の間で明確な類型化が図られ、住宅と介護サービスの連携態勢の重要性が格段に高まった。同時に、介護施設についても「個室化」が進められ、すまいとしての性格が強まっていった。

第二次の接近は、低所得高齢者に対する「セーフティネット」としての居住である。この背景には、高齢化に伴い国民年金のみの低所得の高齢者世帯が増加していることがある。最近では、生活が困窮して生活保護を受けている高齢者が増加しており、生活保護受給世帯のうち高齢者世帯が約86万世帯（全体の53％）に達する状況（2017年4月現在）となっている。

高齢者世帯のうち約8割は持ち家に住んでおり、そうした人々の多くは老後生活の基盤が確保されているが、一方、低所得者世帯の中には持ち家がなく、老後の居住に不安を抱くケースが増えている。低所得者向けの住居としては、「公営住宅」があり、年収100万円未満の低所得高齢者世帯のうち、ほぼ半分程度が公営住宅に住んでいるが、問題は既存の公営住宅は満室に近く、しかも新規建設が多くは見込めないことである。このため、民間賃貸住宅に住んでいるケースが多く、その中でも木造の民営借家に住む単身高齢者世帯は約57万世帯（2013年住宅・土地統計調査）にのぼっており、都市部に多い。こうした人々は、家賃負担の問題や大家が求める連帯保証人などの点で不安を抱えている。さらに、大家が高齢者の入居を敬遠する傾向も見られるほか、劣悪な住居を提供する悪質な業者の存在も指摘されている。

こうしたことから、すまいのセーフティネットの重要性が高まっている。この点では、国土交通省において民間住宅の受け皿態勢の整備が取り組まれている。具体的には、居住に困っている高齢者（要配慮者）を対象とした、①要配慮者向けの民間賃貸住宅の登録、②①の登録住宅の改修支援や低所得者の入居支援、③地域の不動産や福祉関係者、地方自治体等が参加した「居住支援協議会」による入居のマッチングなどである。

これらの取り組みの推進が期待されるが、その上で、今後大きなテーマとなるのは、社会保障にも深く関わる住宅手当（家賃補助）である。これについては後ほど述べる。

居住空間の「希薄化」

そして、住宅と社会保障の関係は、今や第三次の接近期を迎えつつある。

その背景には、人口減少に伴う居住空間の「希薄化」がある。影響度は二つの点でこれまでと比べ格段に大きい。一つは、個々の住宅や施設といった「点」ではなく、住宅などが存在している「まち」という「面」の問題として表れてくることであり、もう一つは、高齢者や低所得者といった特定の層の問題ではなく、そこに暮らす住民全般の問題として提起されるということである。

本章冒頭の図5－1で、今後の人口減少の進み方を述べたが、人口減少の第二段階、第三段階に至ると、各地域は、若壮年層のみならず高齢者層も減少する時期を迎え、その結果、広い地域に少ない住民が散在する、居住空間の希薄化という事態を迎える。その影響を考えるためには、サービスの「需要密度」という考え方を理解する必要がある。

これは、サービス業や商業では一定の顧客数（利用者数）が見込めないと、その地域での活動が維持できないということである。例えば、コンビニの存続条件は、半径500メートルの商圏に人口が3000人以上というのが一般的に言われている。人口減少によって需要密度が減少すると、サービスが順次撤退し、その結果、日常生活に不便を感じる住民が流出し、それがさらに需要密度を低下させる「負のスパイラル」に陥るおそれがある。

国土交通省は3大都市圏を除く市町村を前提として、サービス別に必要となる需要規模を算出しており（表5－1）、それによると、需要規模が大きいものから見ると、ショッピングセンターは7万7500人、有料老人ホームは4万2500人、救急告示病院は1万7500人、一般病院は5500人を切ると存在確率が50%を下回るとされている。さらに小さくなると、日常生活に必要となる飲食料品小売店や飲食店、郵便局、一般診療所や介護老人福祉施設は、500人が一つの目安となっている。

居住空間の希薄化が進むと、住民にとってサービス拠点が遠距離に存在することとなり、

表5－1　サービス提供施設別の必要需要規模（3大都市圏を除く）

	存在確率50%	存在確率80%		存在確率50%	存在確率80%
飲食料品小売	500人	500人	税理士事務所	17,500人	27,500人
飲食店	500人	500人	救急告示病院	17,500人	37,500人
郵便局	500人	500人	ハンバーガー店	32,500人	52,500人
一般診療所	500人	500人	有料老人ホーム	42,500人	125,000人
介護老人福祉施設	500人	4,500人	ショッピングセンター	77,500人	92,500人
書籍・文房具小売店	1,500人	2,500人	映画館	87,500人	175,000人
学習塾	5,500人	6,500人	公認会計士事務所	87,500人	275,000人
一般病院	5,500人	27,500人	大学	125,000人	175,000人
銀行	6,500人	9,500人	百貨店	275,000人	275,000人
訪問介護事業	8,500人	27,500人			
介護老人保健施設	9,500人	22,500人			

（資料）内閣府「地域の経済2016――人口減少問題の克服」2016年8月25日
（注1）国土交通省（2014）より引用。データ原典は、総務省「平成21年経済センサス」、厚生労働省「医療施設（動態）調査・病院報告（2012年10月）」「介護サービス施設・事業所調査（2012年10月）」、日本救急医学会、（株）ウェルネス、日本ショッピングセンター協会資料、日本百貨店協会の各ホームページ等
（注2）存在確率＝「一定人口規模で当該産業の事業所が存在する市町村数」／「一定人口規模の全市町村数」×100（％）
（注3）一定人口規模の市町村のうち、当該産業の事務所が1つでも存在する市町村の割合（存在確率）が50％と80％を上回るような人口規模の最も小さい値を示している

アクセスに時間を要し、高齢者にとってサービス利用の困難度が増してくる。

医療・介護では、重度な要介護状態となっても、住み慣れた地域で人生の最後まで暮らし続けることができる環境を目指す「地域包括ケア」の考え方が示されている。その際にベースとなっているのは「日常生活圏域」と呼ばれる、30分以内に必要なサービスが利用できる範囲の地域である。人口減少が進むと、30分内に住んでいる住民が一定数を切り、サービスの需要密度を下回るような地域をどうするのか、といったことが大きな議論となってくる。

ICT活用と「小さな拠点」

このように居住空間の希薄化は、あらゆる生活関連サービスの立地・存立状況に構造的変化をもたらす。医療や介護など社会保障サービスも例外ではない。そうなると、人口減少時代でも住み続けられるように、地域全体の環境をどう整備するかが重要課題となる。

この問題に対する対応策は、基本的には三つあり得る。

第一は、サービス形態の革新である。立地条件にとらわれないようなサービスへと高めていくことであり、その中心はＩＣＴの活用にある。

例えば、医療や介護サービスについては、遠く離れた医療機関に出向かなくても日常の健康データが送信され、診断されるような遠隔診断システムや、家族が離れて暮らす場合もＩ

CTを使って要介護高齢者の見守りができるような態勢を作ることである。他の生活関連サービスも同様である。教育分野においても、ICTによるe-ラーニング（インターネットを利用した学習形態）を活用した学習プログラムを組み込むことは、生徒数が少ない地域の教育に大きな効果をもたらすであろう。

ただし、こうした取り組みだけでは限界があることも認識しなければならない。第3章で述べたような地域の「つながり」を維持するためには、できる限り外出し、他人と交流することが望ましいし、家に閉じこもることが心身機能の低下を招くことは間違いない。また、日常生活を維持するには飲食料品などの購入が必須となるため、こうしたものを宅配だけで維持することにはかなりの困難を伴う。

そこで、第二は、地域の住民が日常出かけていく場所として、生活関連サービスを集約した地域拠点を作ることである。

前に、高齢者介護や障害者福祉、保育を一緒にした「共生型施設」のことを述べたが、それをさらに一歩進めて、日常生活品の販売、ガソリンスタンド、金融サービスなども同じ場所に集約し、それを周辺集落とコミュニティバスなどの交通ネットワークでつなぐ「小さな拠点」を作るという考え方である。もちろん、地域住民が集い様々な活動を行う場所としても活用し、地域の「つながり」の拠点とすることが重要である。この考え方は、地方創生の取り組みの中で、現在、中山間地域を中心に事例が積み上がってきている。人口減少が進めば、将来的にはより広い地域で必要性が高まると考えられる。

コンパクトシティ＋ネットワーク

以上の二つが、居住地域の希薄化を前提としたものであるとすると、第三の対応策は、地方都市などにおいて、需要密度を高めるために「住み替え」を促進していくことである。

ここでは、「コンパクトシティ＋ネットワーク」が目指す方向となる。

コンパクトシティとは、都市機能を担う公共施設や商業施設、医療福祉機関等が住民にとってアクセスしやすく、利便性の高い形で配置されている都市であり、ネットワークは、その都市のサービス拠点に公共交通機関等を使ってスムーズにアクセスできる交通網が整備されていることである。この両者を組み合わせた「まちづくり」が、人口減少に対応した地方都市の究極の姿と言える。これにより、住民にとっては、様々なサービスの利便性が高まり、たとえ高齢になり自動車が運転できなくなっても容易にアクセスできるし、サービス提供という点からも需要密度の高い地域には多様な事業者が進出する可能性が高まる。行政サービスや上下水道などの維持コストの面でも効果は大きい。

一方で、コンパクトシティの実現には、すでに存在している「まち」を再編成していくことが避けられない以上、大きな困難が想定される。中長期的な視点からの計画策定と、それをブレることなくやり遂げる官民協働体制が必要となるし、実施段階では、点在する公共施設の集約化や様々な生活関連サービスの再配置はもちろんのこと、すでに住んでいる人々の住み替えに絡む利害調整が難作業になることは間違いない。こうした事業に投資する資金の確保と回収をどのように行っていくか、という財政問題も横たわる。

これらの難しい課題が山積していることは事実だが、筆者は、人口減少時代において地方都市が目指すべき大きな目標は、このコンパクトシティの実現であると考える。人口減少が進む中で、すまい、まちづくり、社会保障という「政策全般のプラットフォーム」となるのが、このコンパクトシティだからである。

ただし、その進め方や目標とする姿は地域によって多様で、かつ、それぞれの地域が有する自然環境や歴史的な資産を最大限尊重したものでなければならない。今後は、全く新しい場所を開発し、そこに新たな街を作るようなケースは多くないだろう。その点から見て、重要なカギの一つとなるのは、増加し続ける「空き家」や「空き地」の利活用である。

空き家や空き地の利活用

コンパクトシティを実現するためには、①都市機能を担う施設等の機能的な配置や公共交通機関の整備を行うとともに、②居住地域の希薄化を防ぎ、一定の範囲内に集約した市街地を形成し維持していく、という二つの条件が満たされる必要がある。この二つの点から見ると、これまでコンパクトシティを目指して地方自治体等で取り組まれた手法は、①の分野が多かったと言える。公共施設や大規模商業施設を中心部などに設置して、そこに集まるように人の「流れ」を作り、需要密度を高めていこうという狙いである。

しかし、それだけでは結果として「点」の開発で終わってしまい、十分な効果が出ない場合が多い。高齢化が進んだ地域では、住民が遠くの中心部まで出かける機会もそれほど多くなく、人の「流れ」を作るのも難しくなっている。

人口減少時代には、②の居住地域の希薄化そのものを防ぐ取り組みがより重要となる。そして、その実現は、まちなかの「空き家」や「空き地」を利活用できるかどうかで決まってくる。

我が国は人口減少が進む中で、空き家が増加し続けている。空き家の総数は、国土交通省の「住宅・土地統計調査」によると、図5－6のように全国で820万戸（総住宅数の13・5％、2013年）にのぼっており、今後さらに増加することが見込まれている。こうした空き家の中には、コンパクトシティ化を進める上で有用な場所に立地しているものも多く、これを改修や建て替えをして、住み替えや新しい住民の入居に活用できれば効果は大きい。

図５－６　種類別の空き家数の推移

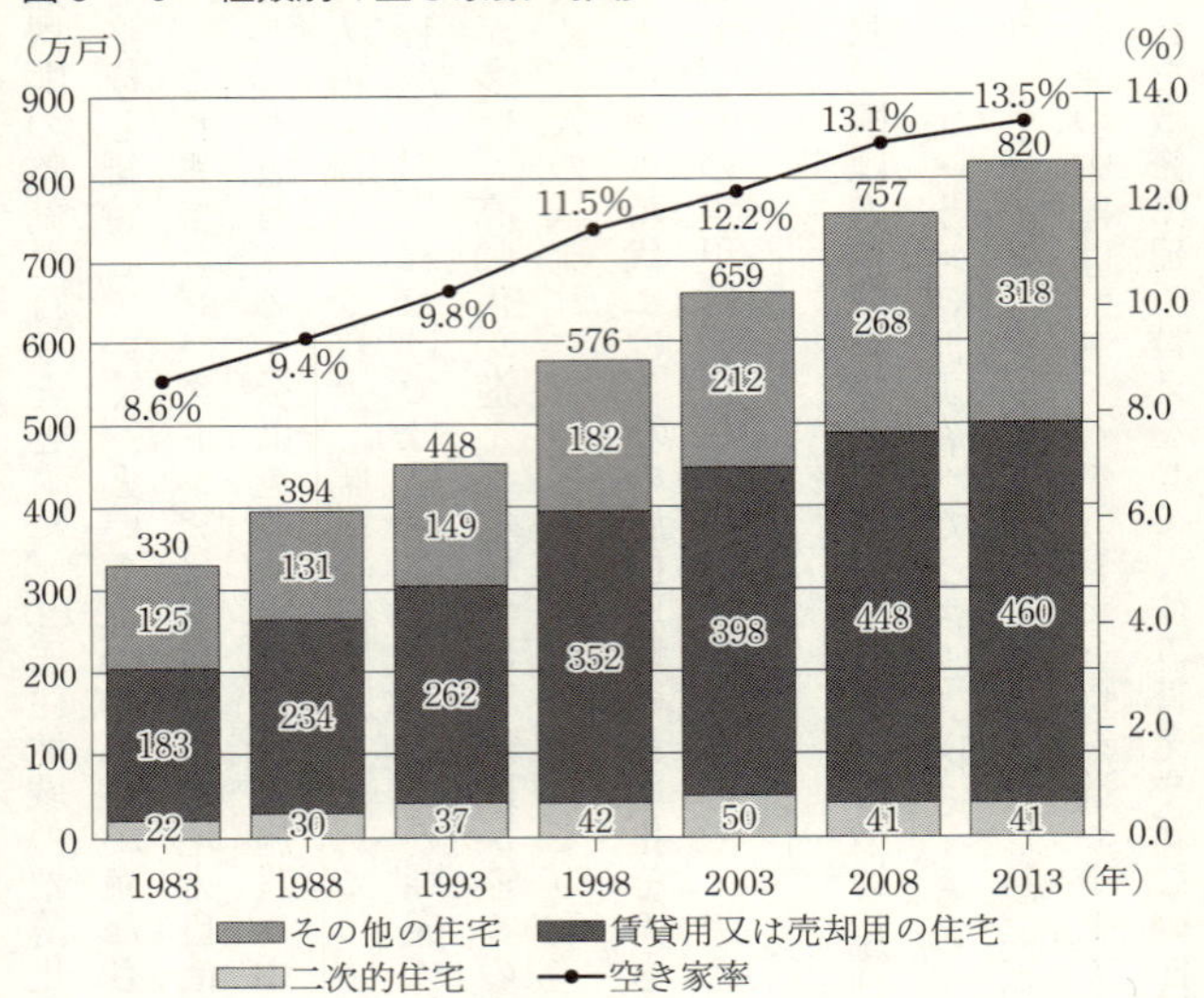

（資料）国土交通省資料、総務省「住宅・土地統計調査」より筆者作成
（注）「二次的住宅」とは、別荘及びその他（たまに寝泊まりする人がいる住宅）、「賃貸用又は売却用の住宅」とは、新築、中古を問わず、賃貸又は売却のために空き家になっている住宅、「その他の住宅」とは、上記の他に人が住んでいない住宅で、例えば、転勤・入院などのため居住世帯が長期にわたって不在の住宅や建て替えなどのために取り壊すことになっている住宅など

さらに、介護施設や保育施設、オフィスへの活用も考えられる。特に、地方の空き家は戸建てが多く、マンションなどに比べて、利活用の余地が大きい。また、自然環境を破壊するわけでなく、昔から続く歴史的な街並みを保全する効果も大きい。空き家や空き地を活用することにより、一定の範囲内で居住密度の高い市街地を形成できれば、多様な姿のコンパクトシティが全国で誕生することとなる。

しかし、こうした空き家活用のための取り組みは、現在のところ十分とは言い難い。一つ参考となる事例を紹介したい。北海道北広島（きたひろしま）市には、北広島団地という戸建て中心の大きな団地があるが、やはり空き家が増え、市当局は悩んでいた。そこで、空き家の解体やリフォームをして他の人が住むように、賃貸もしくは売却する場合には1件あたり50万円を補助することを決定し、募集したところ、申し込みが殺到し、あっと言う間に30件という枠が満杯になった。空き家の解体・改修には経費がかかるし、賃貸や建て替えも手間がかかるため、持ち主が放置しているケースも相当あるが、その背中を押す効果があったとのことである。

北広島市でも、この補助をめぐり、個人資産の形成につながるのではないかとして、慎重論が強かったという。結果として新たな若い入居者が増え、住民税などの増収効果もあったため納得が得られたが、このような議論の背景には、これまでの長年にわたる「持ち家政策」によって、すまいを個人資産の形成として捉えてきたことが影響しているのではないか。先ほど、コンパクトシティを目指した地方自治体の取り組みが公共施設や商業施設の整備に集中してきたことを述べたが、そのことも、すまいには公的資金を投入しづらいということが背景にあったと考えられる。

こうした個人資産の形成として捉える考え方の前提には、地価は時が経つにつれて上昇し、住み替えると譲渡益が生じ、それを住み替え資金に充てたり、他の資産に替えることができるというメカニズムが機能していたことがあると言える。

ところが、人口減少が進行する中で、地価の上昇が見込めず、逆に下落する状況になると、住み替え動機が働かなくなり、空き家になってもそのままにしておくケースが増えていく。融資や税制面の誘導、中古市場の整備は重要だが、それだけで不動産の流動化が進むのかどうかである。

もし、そうした施策が十分な効果をあげないとしたら、今後、空き家や空き地の流動化を本格的に推進していくためには、公的資金を積極的に投入することも検討する必要があるのではないか。政策手法としては、空き家の改修や建て替え資金、空き地の活用資金を公的に補助する制度の導入や、空き家や空き地を公的機関が買い上げ整備して提供するような手法が考えられる。

もちろん、個人資産の損失を補償する趣旨ではなく、対象とするのは、コンパクトシティの実現という地域の政策目的に合致するケースについてであり、これによって地価が上昇する、もしくは下落が緩和し、税収が確保されるなど一定の経済効果が見込めることが条件となろう。株式会社ふるさと回帰総合政策研究所の「全国10万人アンケート結果」によると、田舎に空き家を持つ大都市居住者の約６割は、「売りたい」「貸したい」「寄付したい」「改修したい」という意向を持っており、このような取り組みは所有者の対応を引き出す大きな力になると考えられる。

このような空き家の利活用は、住宅を「社会資源」とする考え方に立脚している。従来の「住宅は個人資産である」という政策理念の転換となるが、人口減少時代においては、そうした発想の転換が必要だろう。

すでに具体的な動きが見られる。国土交通省が２０１７年度から、住宅セーフティネット法に基づき、子育て世帯や高齢者など住宅確保要配慮者を入居させる住宅の所有者に対して、国と地方自治体で、家賃低廉化に対して最大月４万円、住宅改修費として最大１００万円を補助する制度を創設した。前進と言えよう。

人口減少時代の住宅手当

次に、住宅と社会保障の両者にまたがる最も重要なテーマである「住宅手当」を取り上げる。

諸外国においては住宅手当を制度化している国は多く、低所得者に対象を絞っているケース（アメリカやイギリスなど）や、もっと広い階層を対象にするケース（北欧諸国など）がある。日本の社会保障では、住宅に着目して給付を行っているのは生活保護制度の住宅扶助と、生活困窮者自立支援の住居確保給付金ぐらいである。他は、ひとり親家庭に対する児童扶養手当や障害児（者）に対する特別児童扶養手当など「社会手当」と呼ばれる、使途を住宅に限定しない現金支給がある。関連する制度としては、介護施設に入所した場合に家賃相当額の利用者負担を軽減する補足給付がある程度である。まさに、個々の制度の縦割り構造の中に埋もれる形となっている。

一方、住宅政策の視点からは、住宅手当は、すまいのセーフティネットとして、公営住宅と対比する議論が行われてきた。結論的には、公営住宅は、入居できた人とそうでない人の不公平や、多様で多世代にわたる地域コミュニティの形成が難しいなどの問題点を有していることから、「現行制度が抱える問題点を抜本的に解消するためには、民間住宅を活用した家賃補助が効率性の高い政策手段である。他方、国の制度として家賃補助を導入することに関しては、生活保護との関係、財政負担、適正な運営のための事務処理体制、受給者の自助努力を促す方策のあり方など整理すべき課題も多い」との考え方が、社会資本整備審議会答申（2005年9月26日）において示され、今後の重要課題として位置付けられている。

そこで、この住宅手当をどう考えるかである。

これまで、住宅手当は、持ち家を持つだけの資力のない人に現金を支給するという経済面の保障として語られてきたし、社会保障分野では、生活保護や社会手当が代表例となるが、手当を支給しても受給者がどこのどのような住宅に住むかは、行政は基本的にタッチしないという扱いとなってきた。純粋な現金給付の建てつけである。

しかし、人口減少時代には状況が大きく変わってくる。これからは、高齢者などリスクを抱えている人にとって「どこの地域のどのような住宅に住むか」が重要となり、社会保障基盤としてのすまいの重要性が非常に高まってくる。

まず、本人だけで入居する場所を見つけ出すことの困難さである。現在でも、高齢者に対しては民間賃貸住宅の中には入居を敬遠するケースが見られる。住む場所を見つけることに困り、結果として、高齢者が大都市に流入せざるを得ないおそれがある。そうした高齢者を狙い、悪質な業者が横行することにもなりかねない。

もっと重要なのは、第1章で述べたように、単身高齢者や非正規雇用、ひとり親家庭などの人々は、社会的孤立に陥るリスクが高いということである。このような人々にとって必要なのは、住宅という物理的な空間だけでなく、近隣の人々との「つながり」である。その点で、どこに住むかというのは決定的な意味を持ってくる。地域に受け入れられ、その地域社会の一員として生活できるかどうかに直接関わるからである。

このように「すまいの保障システム」は、人口減少時代において、社会全般にわたるセーフティネットの重要な一角を占めていくことが想定される。

まちづくりと住宅手当

さらに、コンパクトシティなどのまちづくりにも関係してくる。人々が地域と「つながり」を持ちながら生活していくためには、当然ながら、地域社会とつながりやすい場所に暮らすことが必要となるが、その場合には空き家を利活用するケースも多いと考えられる。そうした空き家を手当の支給対象とし、入居者を地域社会として受け入れることにより、多世代にわたる多様な人々によって構成される居住地域を形成し、維持していくことは、コンパクトシティの実現にもつながる。このように住宅手当は、人口減少時代においては、セーフティネットにとどまらず、地域共生社会の構築やまちづくりの推進などの多面的な機能を果たすものである。その観点から、生活保護の住宅扶助やその他の分野の手当等を再編して、

図5－7　人口減少時代の住宅と社会保障（イメージ）

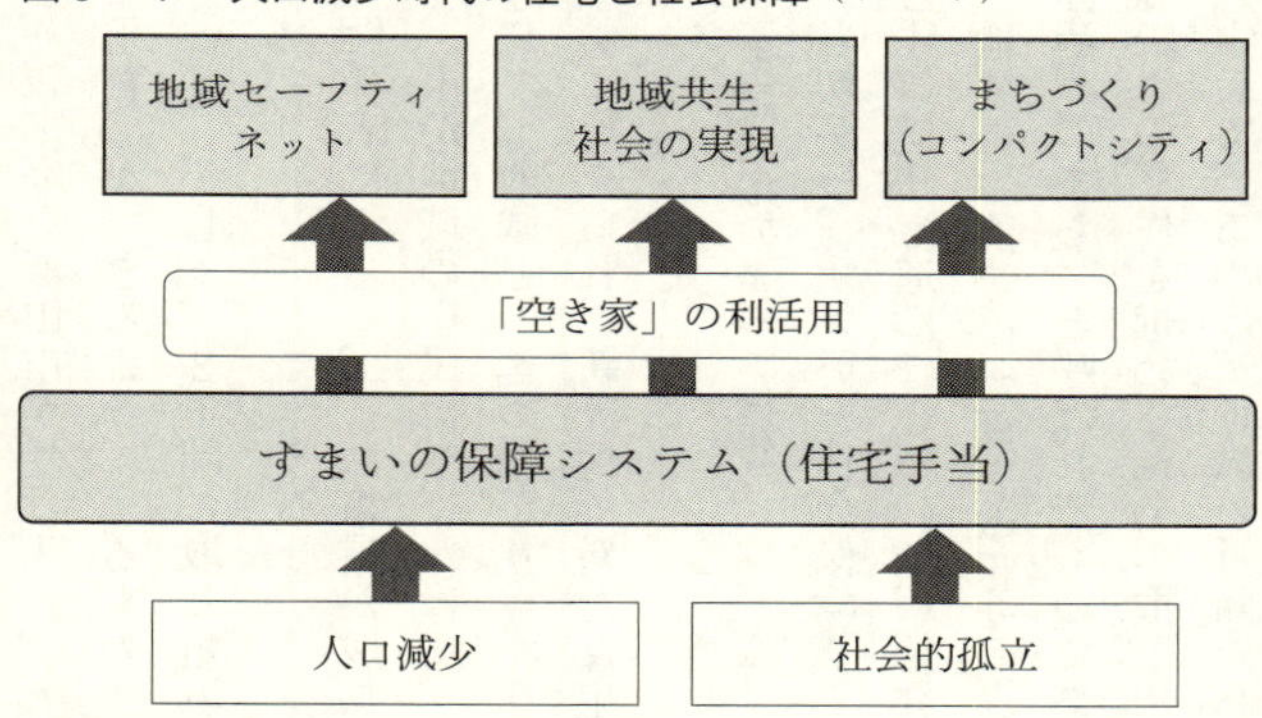

（資料）筆者作成

統一的な制度の導入を検討すべき時期にある（図5－7）。

その場合、単に現金を支給するだけでは不十分である。手当の支給対象となる住宅の要件を適切に設定するとともに、本人の相談に応じ、すまいのマッチングを行い、入居後もフォローする「伴走型支援」の取り組みが不可欠となる。加えて重要なのは、行政が地域の受け入れ態勢を整備することである。この点で、住宅行政と社会保障行政の一体的な運用が不可欠となってくる。

住宅の提供だけでなく、地域の受け入れ態勢づくりがいかに重要であるかを認識させられた取り組みがある。島根県浜田(はまだ)市が行っている「シングルペアレント介護人材育成事業」である。この事業は、市の女性職員の提言に基づいて実施に踏み切ったもので、高校生以下の子どもと暮らす、都市部に住むひとり親家庭を浜田市が受け入れ、人手が不足している介護分野等の研修を受けながら安心して子育てができるようにするものである。この事業が発表されると、問い合わせが相次いだという。そして、2年間の取り組みの結果、7世帯16名が浜田市に移住し安心して暮らしている。

関係者によると、この事業が成功した要因は、住宅の家賃補助などの経済的支援だけでなく、市が地域の住民に呼びかけて、移住した家庭を支えるサポーターを募り、その人たちを通じて、地域との「つながり」を作っていけるようにしたことである。地域全体の受け入れ態勢に支えられ、新天地で新たな生活を送っている事例である。

「生涯活躍のまち」構想

当初から、すまいと社会保障サービスなどを一体的に配置した「まちづくり」を進めようとする構想も進んでいるので、紹介したい。

地域再生法等の一部を改正する法律（2016年法律第30号）によって制度化された「生涯活躍のまち」と呼ばれるものである。この構想は、もっぱら東京などの大都市から地方へ高齢者の移住を進めるための取り組みのように受け取られている面もあるが、そうではない。想定しているのは、地域の近隣から「まちなか」へ住み替えるケースも含めた、中高年齢者の住み替え全般である。そうした人々が、健康時からの入居を基本に移り住み、そこで健康づくりや就労、大学での生涯教育、地域福祉活動などへ積極的に参加する。従来の高齢者向け住宅や介護施設とは異なり、中高年齢者がケアを受けるだけの立場にならず、自らが地域の支え手として溶け込み、若者など様々な人々と一緒に社会活動をするような、健康でアクティブな生活を目指すものである。そして、医療や介護が必要となった時には、人生の最終段階まで継続的なケアを受けることができるような態勢を確保するというものである。

生涯活躍のまちには多様な形態が想定されており、一定のエリアを整備する形態もあれば、地域全体を視野に置き、アクセスに配慮した形で住宅や医療・介護拠点を配置していく形態もあり得る。後者は、コンパクトシティそのものと言ってよい。まちなかに立地している空き家の活用も考えられる。

参考になる事例の一つが、石川県金沢市の「シェア金沢」である。ここは、総面積約1万1000坪の場所に、サービス付き高齢者向け住宅（32戸）だけでなく、福祉・児童入所施設や学生向け住宅が、相互に交流が進むように「ごちゃまぜ」に配置されている。若者が開設し、運営している様々なショップもある。入居している高齢者は60歳代から90歳代で、金沢市のほか県外からの移住者も含まれており、希望に応じて、農園での農作業や共同売店での就労、地域のボランティア活動などに参加している。居住する高齢者や学生による住民組織が組織されているとともに、周辺地域から店舗などに来訪する地域の人々との交流も盛んである。ケアが必要となった場合には、併設している訪問介護事業所のサービスを受けられる態勢となっており、医療が必要な場合に備えて医療機関とも提携している。福祉や医療サービスがすまいと一体化することにより、最終的には「まちづくり」に到達するという、将来の地域ケアの方向を示す事例と言えよう。

4 地域組織の再編

多様化する地域

人口減少の影響は最終的には地域に行き着く。そこで、最後に「地域組織」の問題を取り上げる。

まず、「地域」という言葉は様々に使われているので、その意味を明確にしなければならない。社会保障との関係では、「地域」は大きく三つの機能の意味で使われていると考えれば分かりやすい。

第一は、「制度・政策の推進主体」としての地域であり、この場合の地域組織は地方自治体、特に市町村に代表される。こうした組織を特徴付けるのは、地域全般にわたる政策や事業に関する協議や決定を行い、それを運営していく機能である。

第二は、人と人の「つながりの場」としての地域である。これについては、集落など住民の最も身近な地域コミュニティや多様な人的ネットワークが関係してくる。

第三は、医療や介護など専門的なサービスが提供される「サービスのエリア」としての地域である。この意味での地域組織は、市町村（直営サービス）のほか、民間サービス事業者が中心となる。

結論から言うと、人口減少は、地域の多様性を高めるとともに、この三つの機能の関係を大きく変え、それに伴い地域組織も多様化していく。

これまで社会保障においては、地域の中心的機能は、「制度・政策の推進主体」としての機能であったと言ってよい。社会保障は、今日まで社会保険を中心に全国一律の仕組みとして運営され、人口が増加し、ニーズが増大し続ける中で、必要とされる給付やサービスを公平、公正に配分し、提供するという社会の要請に対応してきた。その中で、地方自治体とりわけ市町村は、増大するニーズを正面から受け止め、制度の適切な運営に全力をあげてきた。その努力は大いに評価されるべきである。

しかし、人口減少時代には、地域の様相も大きく変化してくる。

前述したように人口減少社会の特徴の一つは、地域によって経済社会の構造が大きく異なってくることである。大都市部は、当分の間は人口減少スピードは緩やかで、高齢者に限れば増加する見通しとなっている。これに対して、地方都市では、高齢者はすでに頭打ちになり、減少を始めているところもある。さらに、町村部などにおいては、高齢者も大幅に減少する段階を迎え、人口減少が急速に進みつつある。

このように人口減少の動向が地域によって大きく異なってくると、社会保障についても、地域の特性を考慮し、サービスや給付、運営の形態を「多様化」していく必要性が高まってくる。したがって、今後の動きは、地域特性に応じて考えていく必要がある。

大都市――広域的な視点を

まず、東京圏をはじめ大都市では、当分の間高齢者が増え続ける。図5－8は、医療・介護ニーズが大きい75歳以上の高齢者の将来動向を見たものであるが、2015年と2040年を比べると、東京都や埼玉県は1・5倍前後まで増加することが見込まれている。山形県や島根県のようにほとんど増加しない地域と際立った違いである。東京圏など大都市において高齢者の増加が著しいのは、団塊世代が大量に入居した郊外団地である。

このような地域では、医療保険や介護保険といった地域保険を運営する「制度・政策の推進主体」として、地方自治体がより一層機能を発揮していくことが求められる。その点で、

図5－8　75歳以上人口の将来推計、地域別の特徴

（2015年の人口を100としたときの指数）

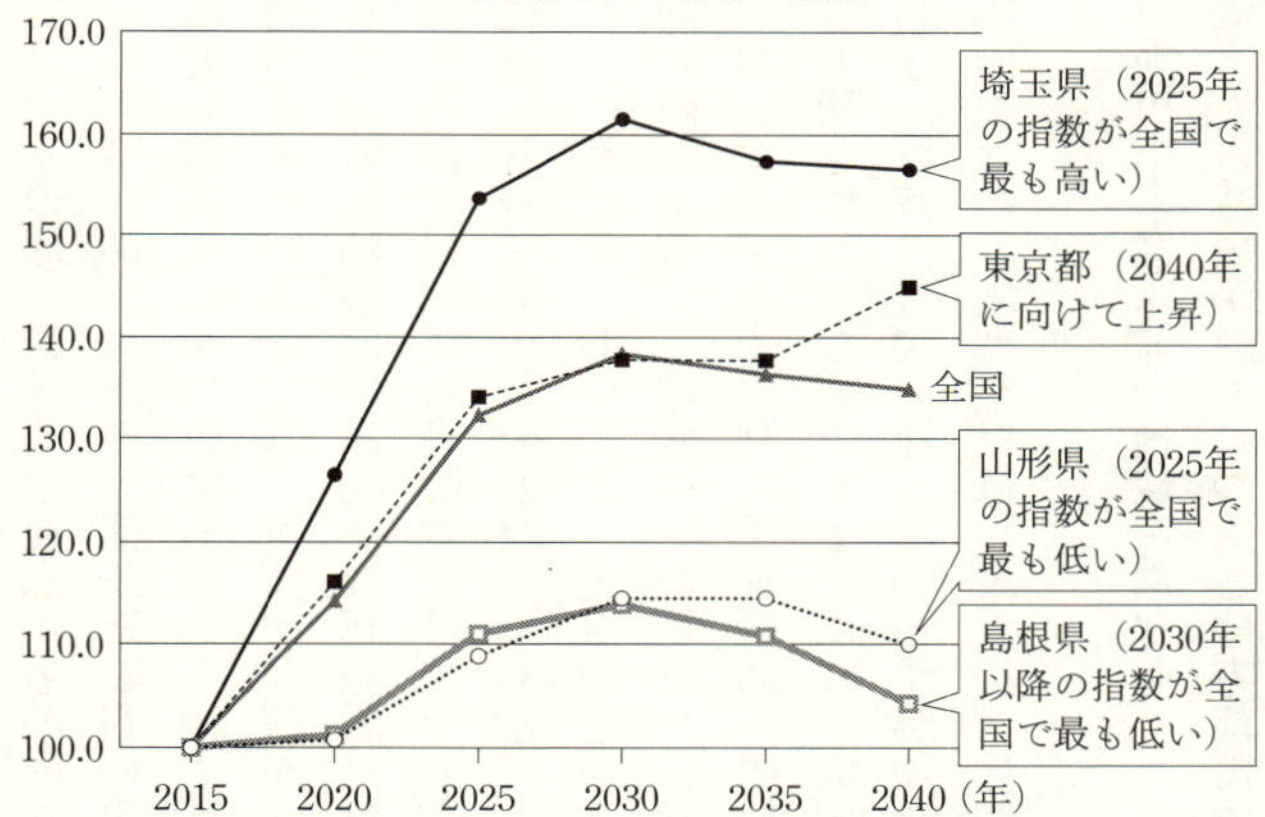

（資料）2015年版厚生労働白書、国立社会保障・人口問題研究所「日本の地域別将来推計人口（2013年３月推計）」より作成

大都市の都道府県や市区町村が果たすべき役割はある面、分かりやすい。増加し続けるニーズに対応して、必要なサービスを確保すると同時に、制度を公平かつ公正に運営することである。

分かりやすいが、相当な困難を伴う。現状において大都市（特に郊外）に整備されている医療・介護サービスは、将来のニーズ増大に見合うだけの十分な水準に達しておらず、また、人口減少に伴い人材不足が進むのは大都市も地方も変わらないからである。いや、人材不足という点では、これまで地方からの人材供給に依存し続けてきた大都市は、より影響が大きいかも知れない。

そこで、東京圏をはじめ大都市においい

て重要となるのは、広域的な視点からの取り組みである。例えば、東京圏では、東京都と千葉県、埼玉県、神奈川県の一都三県の間の住民移動が激しいという特徴がある。若いうちは都心に近い地域で住んでいても、その後、様々な事情で住所移動を繰り返す状況が見られる。医療介護サービスの点では、医療や介護が必要になると、東京都から千葉、埼玉、神奈川に立地している高齢者向け住宅や介護施設に移る高齢者が多い。したがって、地方自治体は自らの都県や市町村に住む高齢者だけでなく、他地域から流入する高齢者も念頭に置いた、広域の視点からの対応が必要となってくる。

特に、一都三県においては、東京圏という広域ベースでの政策立案と調整が欠かせない。人口動向のみならず、地域住民の意識や行動の分析、医療・介護サービスなどのケア体制の構築、増加する空き家の利活用を含めた居住地域の整備、交通ネットワークづくりなど、その広さと深さにおいて、これまでにない広域行政の推進が求められる。近い将来、東京圏も本格的な人口減少時代を迎える。わずかな時間しか残っていないが、それまでの間に、調査立案機能を含む広域調整組織を設置し、体制を強化することが大きな課題となる。

地方都市——広域化か、地域密着か

次に、人口減少が進みつつある地方都市である。

こうした地域では、「制度・政策の推進主体」としての機能は徐々に低下していくことが見込まれる。高齢者の数も頭打ちになり、その後、高齢者も含めて人口が急激に減少していくからである。と言っても、地方自治体の役割が低下するわけではない。むしろ、地域が将来進む方向を決める分岐点に立つ、という点では難しい選択を求められることとなる。

その点で、地方都市やその周辺の自治体は、人口減少に伴い、一つの自治体区域内で行政サービスを完結させる「自治体内完結型」の対応では限界が生じるため、広域的な対応が必要となる。こうした広域化に対応した行政の体制としては、「定住自立圏」や「連携中枢都市圏」の考え方が打ち出されており、今後重要性が高まってくると考えられる。医療や介護分野では、地域の各種データを収集・分析し、広域的な対応のための企画調整や専門人材の確保を行う点で、都道府県が果たす役割が重要となってくる。

広域化に向けた取り組みにおいては、関係自治体のリーダーシップが欠かせないが、同時に、具体的なプロジェクトの推進のため、民間事業者や地域金融機関の積極的な参画と協力が必要となる。このため、官民協働の受け皿となる地域組織の設立、運営が重要なカギを握る。

現在、地方創生の推進のため、各地域では、地方自治体や民間事業者、金融機関が共同出資した「まちづくり会社」などの地域組織が設立されているが、こうした地域組織と広域化を担う行政体制が連携した、地域全体の官民協働体制をいかに作り上げていくかが大きな課題である。

こうした地域において人口減少の影響を大きく受けるのは、医療・介護事業者である。これまで増加し続けたニーズが頭打ちになり、いずれ減少に転ずるため、事業展開の選択を迫られることとなる。一つの選択は、安定的な事業を確保する観点から、「サービスのエリア」を市町村区域を越えて広げる「広域化」である。この場合は、人材不足が深刻化し、他の地域のニーズも減少していくことから、前述したような「サービス改革」にいち早く取り組むとともに、地域全体が進もうとしている方向性を見極め、適合した形での事業再編を目指すことが重要となる。もう一つの選択は、「地域密着」をより強めていく形で、高齢者介護や障害者福祉、保育といった垣根を外して総合的にサービスを提供する拠点として「包括化」の方向を目指すことである。

いずれの方向にせよ、地域における医療・介護事業の展開は、地域住民の日常生活に大きな影響を与えるとともに、地域の将来展望を左右しかねない。コンパクトシティを指向する場合はもちろんのこと、病院や介護サービス拠点は、地域の中核となり得る資源であるだけに、将来の人口減少を的確に見通した対応が求められる。医療分野については、都道府県が医療関係者等と協議して策定する「地域医療構想」が、2016年度中に全県で出揃った。

これは、地域の医療需要の将来推計などを基に、二次医療圏ごとに高度急性期、急性期、回復期、慢性期の医療需要と必要病床数を推計し、バランスのとれた医療機能の分化と連携を目指すものであり、地域医療の将来の道筋を示すビジョンとして活用されることが期待される。また、介護分野についても、地方自治体が策定する「介護保険事業（支援）計画」において、中長期なサービス水準等にも配慮することとなっている。

ただし、これらの取り組みについては、将来の医療・介護需要見通しの時点を2025年に置いている点で限界がある。本来は、将来見通しという点では2040年頃までを展望した対応が望まれる。それは、大都市部以外では、2030年代以降に医療・介護需要が大きく減少していく地域が多く見込まれるからである。医療・介護分野の事業展開は、内容によって大きな投資を伴う。さらに、人口減少が進行するに伴い、地域における病院や介護サービス拠点の統合再編が大きなテーマとなってくることを考えると、より中長期の展望に立った対応が必要である。

人口減少が急激な地域――「地域運営組織」の役割

最後は、人口減少が急激に進んでいる地域である。

こうした地域では、市町村が果たしてきた「制度・政策の推進主体」としての機能は、施策や事業の内容などによって、様々な方向に分化していくことが予想される。

一定の人口規模や財源を必要とする制度や事業は、単一の市町村ではなく、複数の自治体が一体となって実施していく方向が考えられる。広域連合や合併といった形で、一つの大きな自治組織を形成する形態もあり得るが、地方都市も含めて周辺自治体間で機能を分担し合う「連携」の形態が進むことも予想される。小規模の自治体では分野ごとに専門家を配置することは難しくなるため、自治体担当者間で業務に関する情報や意見を交換する場を作り、相互に補完し合うことも有用である。

一方、地域住民に密着した事業については、市町村内のより身近な地域で担う方向に進むことが考えられる。「つながりの場」としての機能に近づいていく、もしくは、制度化された事業が地域に回帰していくということである。この場合に重要なのは、集落など地域コミュニティが果たす役割である。集落は、一般には「一定の土地に数戸以上の社会的なまとまりが形成された、住民生活の基本的な生活単位であり、市町村行政において扱う行政区の基本単位」と定義されている。もともと地縁や血縁の結び付きによって形成されてきたもので、総務省の調査(2010年)では、過疎地域等における集落は全国に約6万5000あるとされている。人口減少が進む中で、こうした集落も規模の縮小や機能低下の状況に追い込まれているケースが多く、機能の維持・活性化のためには、中心となる地域組織はどうあるべきかが重要な論点となっている。

その点で、今後注目されるのが、地域の生活や暮らしを守るために、地域住民が中心となって運営する「地域運営組織」と呼ばれる地域組織である。

地域運営組織は、地域の住民が作る任意組織であり、総務省の調査結果（2016年3月）によると、全国494市町村に存在し、1680団体にのぼっている。活動範囲は主として「小学校区」で、おおむね昭和の大合併で消滅した旧村エリアである。地域運営組織は、中山間地域など人口減少や高齢化が進んでいる地域での活動が代表的であるが、対象となるのは、必ずしもそうした地域だけではない。地方都市や大都市においても、地域コミュニティの受け皿として活動している例も見られ、今後は都市部での活動も期待される。

地域運営組織は、住民が「自らができることは自らで行う」という考え方の下で、地域が抱える課題を共有し、その解決策を協議する場として機能する（協議機能）とともに、その協議、決定を踏まえて、高齢者の声かけ・見守りサービスや子育て支援活動、公的施設の維持管理、さらには、特産品の加工・販売などの経済活動も実施（実行機能）している。

こうした「協議機能」の場としては自治会や町内会があるし、一方、「実行機能」を担う組織としては地域の社会福祉協議会やNPO法人などがあるが、地域運営組織は、両方の機能を視野に置き、かつ、福祉などの社会保障分野にとどまらず、地域の経済、安全防災、教育など地域課題全般を対象としている点が特徴と言えよう。

その結果、後述するように、市町村行政が担ってきた「制度・政策の推進主体」としての機能の一部を肩代わりするとともに、人口減少などで民間の撤退が進む地域の日常生活を支えるサービスや地域づくりを担う存在として、「つながりの場」や「サービスのエリア」として地域を支えることが期待される。

名張市が築き上げた将来モデル

ここで、人口減少時代を先取りし、早い時期から地域運営組織を中心に地域組織の再編に踏み切り、将来の地方自治体が向かうべきモデルを独自に作り上げた地方自治体を紹介したい。それは、本書で種々の取り組みを紹介した三重県名張市（人口：7万9433人、2017年7月現在）である。

名張市は、前記の地域運営組織として、2003年に、公民館を単位とする市内の14地区（おおむね「小学校区」、現在は15地区）ごとに住民をメンバーとする「地域づくり組織」を設立し、地域課題解決のための取り組みを進める方針を決定した。この地域づくり組織が行う事業内容については、それぞれが自らで決めることとし、市当局は、その事業実施のため使途を限定しない「名張市ゆめづくり地域交付金」を交付するという支援措置を講じた。これにより各組織では、それぞれの地域が抱える課題に対処するため、多様な事業が展開されることとなった。

さらに市は、1956年以来設置されていた市内160の「区」や団地の「自治会」などの地域組織が混在する状況の改革に踏み切る。2009年に区長制度を廃止するとともに、従来の行政業務委託料等や地区の各種団体などに対する個別補助金を、前記の地域交付金に統合した。あわせて、地域づくり組織を唯一の地域の行政を担う地域運営組織（会長は区長または自治会長から住民が選出）と位置付けるとともに、区や自治会はそれに参加する基礎的コミュニティとするという二層構造を明確にした。地域における「制度・政策の推進主体」と「つながりの場」としての機能の両方を、地域運営組織に統合させる地域組織の再編である。

その上で、地域運営組織ごとに個性ある将来のまちづくりを目指す地域ビジョン（まちづくりの基本目標と基本方針）を策定することとし、これにより、地域住民が地域の課題を「我がこと」として考え、取り組む意識づくりを進め、人口減少や高齢化に伴い活動が停滞していた地域を、小学校区を単位とする地域運営組織を中心に活性化させていった。

地域づくり組織の活動内容を、名張市青蓮寺（しょうれんじ）・百合（ゆり）が丘（おか）地域（人口：7463人、2017年7月現在）の例（図5－9）で紹介しよう。地域運営組織（地域づくり協議会）には、議

図5－9　名張市「青蓮寺・百合が丘地域づくり協議会」の組織図

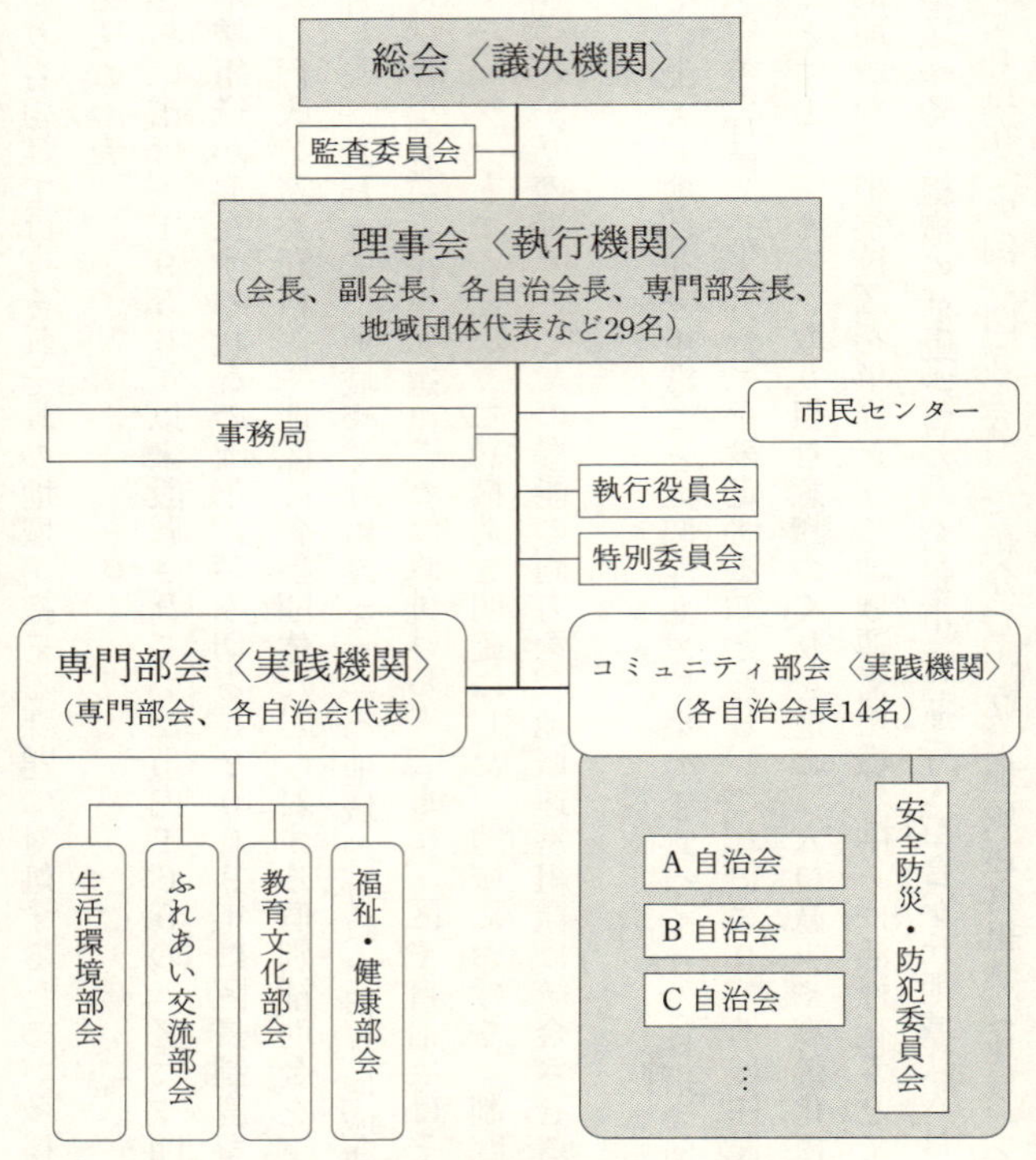

（資料）青蓮寺・百合が丘地域づくり協議会資料をもとに筆者作成

決機関として総会（メンバーとなる代議員は、地域内の町内住民から100分の1名の割合で選出）が置かれており、その下に執行機関として、理事会（理事29名）と執行役員会、特別委員会のほか、事務局が設置されている。特別委員会は、地域ビジョンの策定を担った組織である。これらは、この地域づくり協議会が「制度・政策の推進主体」として、地域全般にわたる政策や事業を協議し、決定する機能を果たすための組織と言える。

これとともに、実際に様々な事業を行う実践組織として、コミュニティ部会と専門部会が置かれている。実施している事業には、行政が実施する事務を肩代わりしているようなものもあれば、地域コミュニティとしての活動もある。コミュニティ部会は、各自治会長（任期1年）14名からなり、その下に各自治会が位置付けられており、各地域の課題解決や市の行政事務の実施にあたっている。特に、安全防災・防犯は重要な業務の一つで、コミュニティ部会の下に置かれた安全防災・防犯委員会によって活動が展開されている。これに対して、専門部会は、各自治会に共通する重要な事業を地域横断的に実施する機関で、この部会は、任期で替わるいわゆる「あて職」でなく、担当事業に対して問題意識を持ち、精通した人が運営していることが特徴である。

事業の内容としては、まず、市の指定管理者として、地域の市民センターの管理運営がある。市民センター内に組織事務局も置かれており、これによって、地域住民が集い、交流する場所が確保されている。その他の事業は、先ほど述べた専門部会が中心となって実施しており、例えば、福祉・健康部会はふれあいサロンや配食サービス、移動支援などを、生活環境部会は清掃活動、公園の草刈りなどを実施している。

最近特に力を入れている事業としては、地元の小学校を地域住民が支援する「百合小学習支援ほめほめ隊」がある。この事業は、小学校の先生からの依頼を受けて、授業時間内の生徒一人ひとりへの声かけ、図画工作や体育、調理実習などの様々な学習支援を行うものである。毎週金曜日に小学校から翌週一週間の学習支援の依頼を受け、それを地域づくり協議会に設置されている教育文化部会の副会長がコーディネーターとして調整し、土日の間に地域住民による学習支援プランを作成している。２０１６年には年間１７０５時間にのぼる支援実績をあげており、学校関係者や保護者などからも高い評価を受けている。

名張市は、このように地域運営組織をベースに地域活動を展開する一方で、市の行政としても地域に密着した体制を作り上げている。地域が主役だと言っても、決して地域に行政を「丸投げ」してはいない。その一つが、２００５年の市の地域福祉計画によって導入された、第4章で取り上げた「まちの保健室」である。これは、地域運営組織の単位である小学校区ごとに、市の保健・福祉の専門職を2名配置した「まちの保健室」を15ヵ所設置し、地域の介護や子育てなどの身近な相談に応じるとともに、訪問相談も行うというものである。

市町村では、保健師などの専門職は保健福祉センターに集中的に配置されているのが一般的であるが、その専門職を各地区に分散して張り付けるという従来にない考えである。第3章で述べた社会的孤立や生活困窮者への相談支援活動も、この「まちの保健室」が地域の拠点として活動を展開し、成果をあげてきているほか、第4章で取り上げた、妊娠から出産・子育てまで切れ目なく支援する「名張版ネウボラ」の活動も担っている。これらの活動は、地域運営組織と同じ小学校区をベースとしているため、市と地域の両者が常時連携する態勢ができあがっている。

名張市が取り組んだ地域組織の再編は、組織改革（地域運営組織の設置）から始まり、財政改革（交付金化）、意識づくり（地域ビジョン）、行政改革（まちの保健室）、そして、各事業の展開に至るまで、首尾一貫した対応によって実現された見事な実例と言える。人口減少時代においては、市町村は、地域コミュニティの維持強化を図るために地域組織の再編を進めていく必要性が高まる。その点で、大いに参考になる取り組みと言えよう。

社会保障における「地域」の機能の変化

「地域」の意味として、「制度・政策の推進主体」、人と人の「つながりの場」、医療や介護など専門的なサービスが提供される「サービスのエリア」の三つがあると述べた。社会保障

図5－10　社会保障における地域の機能と地域組織の将来方向

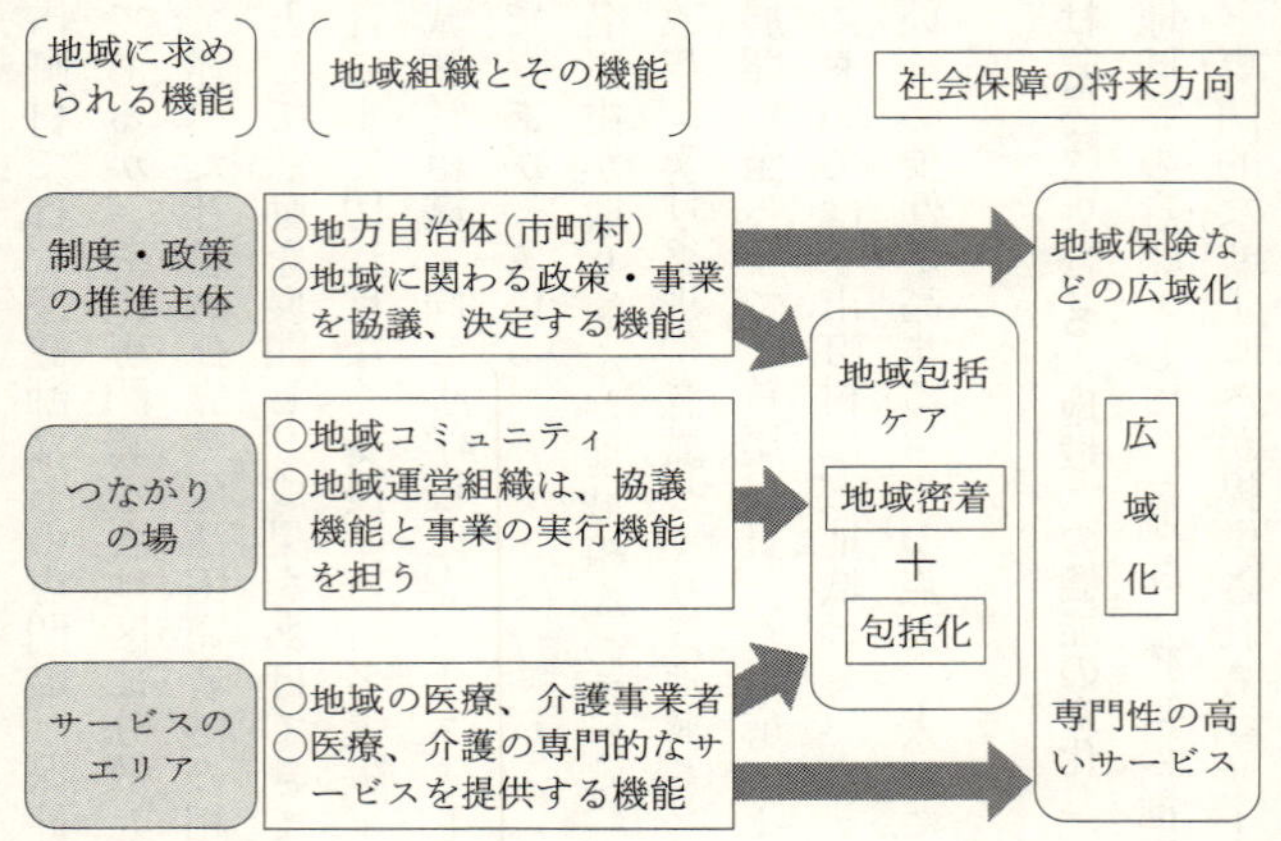

（資料）筆者作成

との関連で、これら三つの機能における地域組織のあり方と、その将来方向を整理したのが、図5－10である。

第一の「制度・政策の推進主体」に関わる地域組織の中心にあるのは、市町村である。市町村が行う事業は、将来的には、その内容によって、「広域化」を追求するものと、逆に「地域密着」と「包括化」を追求するものとに分化していくことが予想される。前者は、広域行政を担う都道府県や広域連合、地方自治体の連携組織などが受け皿となるのに対して、後者は、地域コミュニティに近い地域運営組織などが受け皿となることが想定される。

例えば、国保などの地域保険は、財政面からは、保険の特性を踏まえ、一定以上の人数が参加する集団を形成し維持するために、

「広域化」の方向に向かわざるを得ない。国保運営の広域化などの動きである。サービスの面でも、限られた資源を効果的に活用することや大都市では住民の広域的な移動に対応する必要があり、高い専門性が求められる医療や介護サービスは「広域化」に向かうこととなる。

一方、福祉や地域保健などの分野は、市町村をベースとして、「地域密着」を強めながら、高齢者や障害者、子育てといったサービスの垣根を外した「包括化」の方向へ進み、「地域包括ケア」の中核となっていくことが想定される。このことは、次に述べる「つながりの場」の機能に近づくことを意味する。

第二の「つながりの場」に関わる地域組織としては、これまで述べてきた地域運営組織などが重要な役割を担うことが考えられる。こうした地域組織が担う役割は、地域によって多様性に富んだものとなる。従来のような地域コミュニティとしての活動（住民交流や地域環境の整備などが典型例）だけでなく、名張市のように、行政が担ってきた、まちづくりや地域課題の解決に積極的に取り組むケースや、さらに、高齢者の見守りや配食、移動支援、預かり保育などの日常生活支援サービス、地場産品の販売などに取り組むケースも増えてくるものと考えられる。この中には、第3章で述べたような、社会的孤立のリスクを抱える人々を地域が受け止める「地域共生社会」の拠点としての機能も入ってくる。そして、こうしたサービスがすまいと一体化することにより、最終的には「まちづくり」へと進展していくことが期待される。

第三の医療や介護などの「サービスのエリア」に関しては、地域の医療や介護の事業者や地域資源の状況に左右される面が強いが、前に述べたように、「広域化」と「地域密着＋包括化」の二つの方向にサービスが分化し、前者は専門人材を有する医療・介護事業者が担い、後者は、地域密着型の事業者や地域運営組織などが実施していく方向に進むことが想定される。

「多様で、重層的な構造」と地域マネジメント

以上述べたことを社会保障の政策論から考えてみよう。

社会保障の観点から見れば、財政面とサービス面に関わる組織や圏域は、できる限り一致した方が効果的かつ効率的である。しかし、人口減少が進み、地域の多様化が進む状況下では、全国一律に枠をはめて適用するような対応では、地域にひずみが生じるだけでなく、社会保障自体も制度の安定性や効率性を確保できなくなるおそれがある。

このため、社会保障における「広域化」と「地域密着＋包括化」の両方向を追求する動きに対応して、社会保障を支える地域組織のあり方も切り換えていくことが求められる。目指すべき基本方向は、多様な地域組織が重層的に支えていく構造である。

市町村の現場を歩くと、「国はどんどん新しい政策や制度を打ち上げるが、それを受け止める市町村の方は人材や財源も少なくなっているので、大変だ」という声をよく聞く。今後の人口減少の進展を考えると、全くそのとおりで、早晩、市町村のみで全ての仕事に対応することは限界を迎える。

そうなると、人口減少時代には、前述した地域の三つの機能、すなわち「制度・政策の推進主体」と「つながりの場」「サービスのエリア」の機能を市町村だけでなく、多様な地域組織で分担することが重要となる。すでに、多くの市町村内には様々な既存の組織が存在しているが、重要なのは、これまで市町村が担ってきた機能や権限を大幅に移管し、それぞれの地域組織が重要な機能を果たせるよう、名張市が取り組んだ「地域内分権」を進めていくことである。こうした「多様で、重層的な構造」によって、地域は、社会経済の変動に対して柔軟かつ効果的に対応していくことが可能となる。

ただし、ここで留意しなければならないのは、市町村をはじめとする地方自治体の役割は決して低下しないことである。むしろ、「広域化」と「地域密着＋包括化」の両方の視点から、地域組織を含めた多種多様なプレーヤーを束ね、地域全体が機能的に動くようにしていく「地域マネジメント機能」を発揮することが求められる。

このため、国も、地方自治体が地域マネジメント機能を高めることを支援していく必要がある。一つは、「広域化」に関するもので、一つの地方自治体の区域を越えた広域にわたる各種データの収集・分析力の向上と、広域化された事務の効率的な執行が実現できる体制の整備を支援することである。

もう一つは、「地域密着＋包括化」に関する支援策として、福祉、地域保健、すまいを含めた地域セーフティネットの整備に対して、「全世代型」の社会保障への転換の一環として、包括的な交付金のような形での財政支援措置を導入することが考えられる。市町村はこの交付金をベースに、地域コミュニティごとに多様性に富んだ事業の支援を行うことが可能となる。

以上、社会保障を「人口減少に適応したシステム」に切り換えることについて述べてきた。これまで我が国は、人口もニーズも増大し続ける中で、それにいかに対応するかということに全力を注いできた。その点で、「人口減少への適応」は、未知の領域である。今後、社会保障が進むべき基本的な方向は「効率化」と「多様化」となるが、具体化には多くの課題があり、様々な試行錯誤を重ねることとなる。

それを恐れず、人口減少がもたらす将来の社会像を先取りし、一刻も早く対応策に着手することが、今、私たちに求められていることである。

終章　国民的合意の形成を目指して

本書が示す政策体系

これまで様々な角度から、人口減少時代において、社会保障が目指すべき基本方向について述べてきた。社会保障は何より、現在及び将来において国民が安心して暮らしていける社会を作るための基盤であり、その範囲や内容は、あまり固定的に考えるべきではない。そのため、本書で取り上げたテーマは広範囲にわたり、従来の狭い意味での社会保障には、とどまらないものも多い。雇用や住宅などを含めた社会政策全般にわたる提案として考えていただければ、ありがたい。

そこで、これまで述べてきたことを、社会保障を中心とする政策体系として整理したのが

図６－１　人口減少時代の社会保障の政策体系

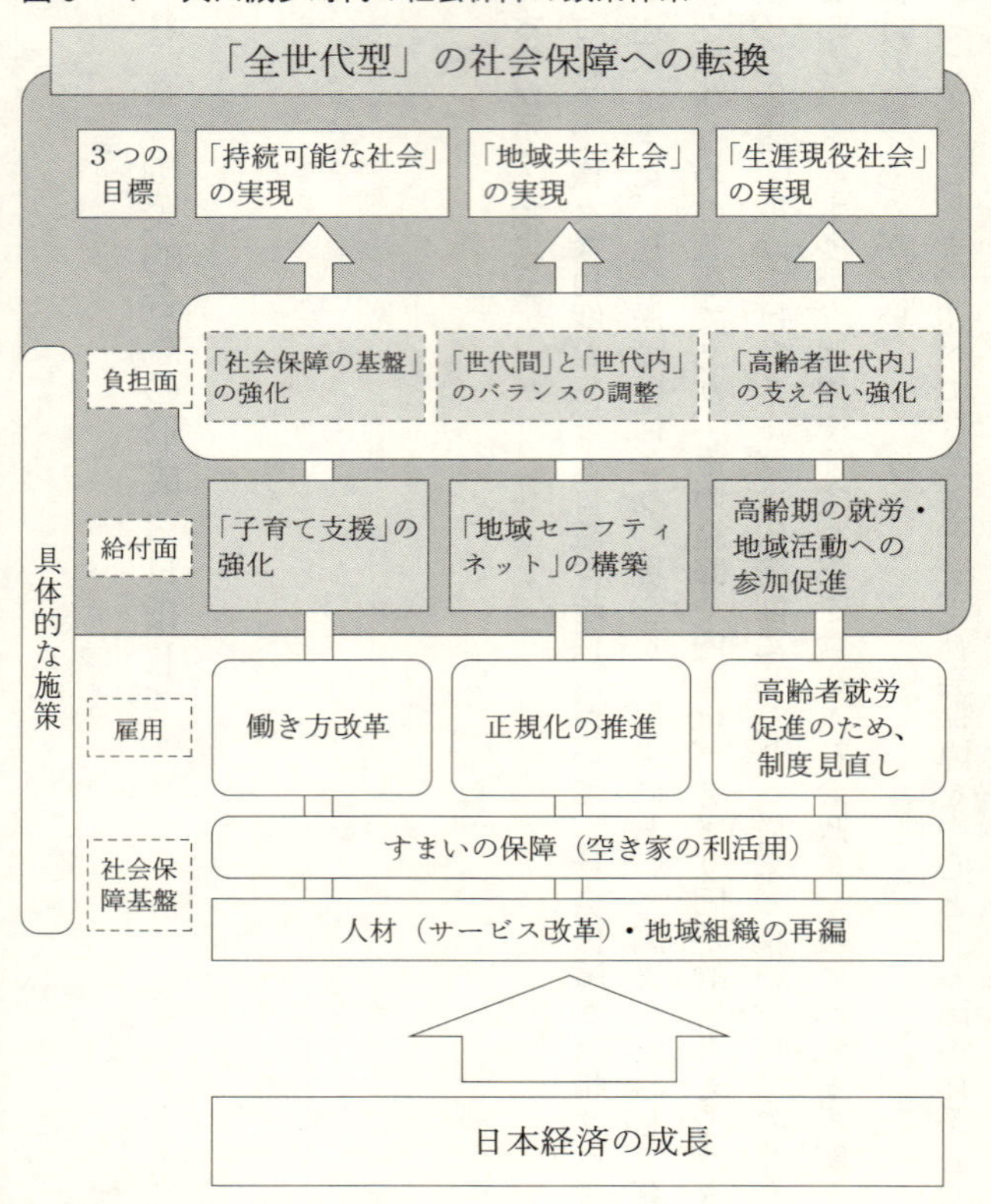

（資料）筆者作成

図6－1である。その内容は、次のとおりである。

①「全世代型」の社会保障への転換

今後、社会保障が目指すべき最も大きな方向は、「全世代型」への転換である。そこでは、大きく以下の三つの点が目標となる。

（ア）若い世代の結婚・子育ての希望をかなえることにより、出生率を回復させ、社会保障を含め日本社会を「持続可能な社会」とすること。

（イ）単身高齢者や非正規雇用、ひとり親家庭など世代や職業などを問わず、社会的孤立のリスクを抱える人々を地域で受け止める「地域共生社会」を実現すること。

（ウ）高齢になっても意欲と能力を活かして就労や地域活動に参加し、社会の担い手として活躍する「生涯現役社会」を実現すること。

②「給付」と「負担」の両面における改革

こうした目標を実現するためには、高齢期の支援中心の構造から転換する必要がある。給付面では、「子育て支援」の強化を中心として、「地域セーフティネット」の構築、「高齢期の就労・地域活動への参加促進」を図ることである。

一方、負担面では、社会保障の「支え合い構造」を再構築する観点から、「世代間」と「世代内」のバランスの調整、「世代内（特に高齢者世代内）」の支え合いの強化、そして「社会保障の基盤」の強化が課題となる。この点で、第3章及び第4章で述べた「制度間連帯」をベースとした「連帯基金」の構想は、社会全体が支え合う考え方（社会連帯）を具現化する一つの有力な構想と言えよう。こうした両面における改革があって初めて、「全世代型」の社会保障への転換が実現する。

具体的な施策は、以下のとおりである。狭い意味での社会保障分野の施策もあれば、雇用や住宅、さらには人材や地域組織といった分野の取り組みも含まれる「政策パッケージ群」である。

③「子育て支援」の強化

子育て支援の強化の具体策は、仕事と子育ての「両立支援施策」の強化（保育や育児休業等の充実）、子育てに対する「経済的支援」の強化（教育費や多子世帯支援など）、社会的孤立のリスクを抱える親子（特に母親）に対する「包括支援」や「子どもの貧困の是正（学習支援など）」である。こうした施策とともに、雇用分野の取り組みが重要な意味を持っている。賃金水準の引き上げをはじめとする「若い世代の経済的基盤の強化」や、両立支援の一つの柱でもある「育児休業の充実」、さらには「長時間労働・通勤時間の是正」などの働き方改革が深く関わっている。

④「地域セーフティネット」の構築

単身高齢者や非正規雇用、ひとり親家庭など世代や職業などを問わず、社会的孤立のリスクを抱えている人々に対する「地域セーフティネット」の構築である。具体的な取り組みとしては、「相談支援・就労支援」の普及・強化のほか、地域組織などによる「地域の受け皿づくり」がある。対象者の垣根を取り払った「共生型」の施設・サービスの普及や「子どもの貧困の是正」は、地域セーフティネットにも関係しているテーマである。雇用分野では、非正規雇用の「正規化」が重要である。さらに、「すまいの保障システム」やそれに伴う「空き家の利活用」なども、地域セーフティネットの中に含まれてくる。そして、こうした福祉などのサービスとすまいが一体化することにより、最終的には「まちづくり」へと進展していくことが期待される。

⑤高齢期の就労・地域活動への参加促進

人口減少時代においては、高齢になっても意欲と能力に応じて就労に参加することが、ますます重要となってくる。今や「人生100年時代」と呼ばれる超長寿社会が到来しようとしている。大幅に伸びることになる高齢期において就労を促進する観点から、高齢者雇用制度の充実のほか、年金において高齢者就労を阻害している「在職老齢年金」などの制度の見直しが重要となる。また、高齢者が介護・子育てや地域活動に参加し、地域社会の担い手として活躍していくことを支援することが重要である。

⑥「サービス改革」と地域組織の再編

人口減少時代においては、社会保障を支えてきた「人材」や「地域組織」のあり方も問われてくる。社会保障分野においても、少ない人材で質の高いサービスを提供していくことが重要となる。このため、ICTの活用などによる業務の簡素化や「共生型サービス」の推進、専門資格の相互乗り入れ、報酬評価の改革(パフォーマンスとアウトカム評価)などの「サービス改革」に取り組む必要がある。

また、人口減少に伴い、社会保障の制度を運営し、サービスを提供する存在としての「地域」の機能は、「広域化」と「地域密着+包括化」の二つの方向に向かうことが予想される。そうした動きを地域の特性に応じて支えていくためには、多様な地域組織が重層的に支えていく構造を構築するとともに、地方自治体、とりわけ市町村の「地域マネジメント機能」を高めていく必要がある。

以上述べたように、今後取り組むべき課題や具体的な施策は、広範多岐にわたるものとなっている。なお、こうした取り組みが有効に機能し、人口減少時代においても社会保障が国民の生活をしっかりと支えていくためには、最も基礎にあたるものとして、将来にわたって日本経済全体が成長していくことが重要であることは言うまでもない。

国民的な合意形成を目指して

社会保障をめぐるこれらの課題は、見て分かるように、人口減少時代への対応だからといって、特別なものがあるわけではない。現在の日本の社会経済が抱えている課題そのものであると言ってよい。問題は、これをどう実現するかである。

社会保障分野において、合意を形成することは容易ではない。それは、社会保障に関わるステークホルダー（利害関係者）があまりに多く、かつ多様であり、具体的な論点を個別に議論すると、それぞれが対立する要素が随所にあるからである。加えて、日本の社会保障は国家財政に直結する状況になっているため、もはや社会保障単独で考えることができず、財政や税制のあり方をめぐる議論とも深く関係してくる。

こうした中で、社会保障をめぐる課題を解決していくためには、世代や立場を超えた「国民的合意」の形成が必須となる。しかも、その国民的合意とは、受け身的な意味での「理解」にとどまらず、自らが納得し、積極的に「賛同」するということである。そのためには、社会保障の問題を一部の専門家や関係団体だけの議論や利害調整にとどめることなく、広く国民が議論に参加し、互いに責任を分かち合う形で合意を地道に積み上げていくことが、何よりも必要となってくる。

一方、現実的には、本来は議論の中心的存在となるべき社会保障の利用者であり、かつ、支え手である国民が、こうした政策的な議論に幅広く参加することは容易なことではない。それゆえに社会保障において大きな改革を行っていくためには、立案・審議・準備といった一連のプロセスを、国民に対してオープンな場で一定の時間をかけながら確実に進めていくことが極めて重要となる。そのためには、少なからぬ期間が必要となり、そうなると、一つの内閣、一つの政権では対処できず、超党派による対応が必要となる場合も想定される。

介護保険の場合は、立案から制度施行まで約6年かかった。

厚生省（当時）が介護保険の本格検討に着手したのが1994年4月で、当時は連立政権の細川内閣であった。当初は有識者をメンバーとする研究会を中心に素案づくりが進められたが、1995年以降、多数の利害関係者が参加する審議会での検討に入ると、議論が百出し、関係者の利害調整は困難を極めた。1年半にわたる延べ42回の会議の結果とりまとめられたのは、激しい利害対立の結果として、重要な論点はほとんど未決着のままの「両論併記」「多論羅列」の答申であった。この膠着状態の打開を図ったのが、すでに1994年6月に発足していた自社さ政権下の政策調整機関である「与党福祉プロジェクト」である。与党福祉プロジェクトは、厚生省などの行政部局や関係団体と合計100回にも及ぶ会議を重ね、1996年6月に介護保険制度の法案をとりまとめた。

しかし、この時点に至っても地方自治体などの慎重論は収まっておらず、国会への法案提出はできなかった。そのため、その後も地方公聴会を6回開催するなど、法案の内容について周知を図るとともに、調整を重ねた上で、1996年11月、ようやく国会に法案が提出された。国会における法案審議も3会期にまたがり、法案が成立したのは1997年12月である。これを受けて、2000年4月の制度施行に向け、国や地方自治体、事業者など多くの関係者による懸命の準備作業が、大車輪で進められた。

そして、そうした準備作業が大詰めを迎えた1999年、政権はすでに自自公政権に移行していたが、介護保険の施行を凍結する動きが急浮上する。保険料という新たな負担を導入する点について、政治レベルにおいて改めて慎重論が高まったためである。この時に起きたのが、それまで介護保険の議論や準備に様々なレベルで関わった有識者や地方自治体、さらに市民団体の有志による「凍結反対運動」であった。これらの人々は、介護保険創設の動きが暗礁に乗り上げるたびに、自らの意志で議論に参加し、制度導入側に参画していった人々である。代表例としては、「介護の社会化を進める一万人市民委員会（代表、堀田力氏、樋口恵子氏）」があげられる。こうした運動は大きな盛り上がりを見せ、当時の全国世論調査結果（1999年6月、日本経済新聞）では、「予定どおり実施を」と答えた国民が71・8％にも達した。そうした結果、保険料などの特別措置は講じられたものの、予定どおり2000年4月に、介護保険は施行されたのである。

最終的に介護保険がこのように広範な人々に浸透し、国民的な合意を形成し得た背景には、制度の立案・審議・準備という一連のプロセスが進められる中で、そのたびに多くの情報が公開され、それが広く国民の間に共有され、論議が広がっていったことがある。

人口減少時代が到来し、社会保障が大きな転換期を迎えている中、今後改革を進めていくには、これまでに増して大きな困難を伴うことが予想される。その改革に対して国民的な合意が得られるかどうかは、改革の趣旨が国民に広く浸透し、その中で我が国の社会保障を将来にわたって支えていこうとする「社会連帯」の輪が、どれだけ広がっていくかにかかっている。この「社会連帯」の輪は、国民一人ひとりが、様々な形で政策をめぐる議論に参加することはもちろんのこと、地域や職場などで社会が抱える課題の解決に取り組んだり、地域を支える活動に参画することによって強化されていくのではなかろうか。我が国の社会保障が、家族と雇用システムの変化、そして人口減少の到来という大きな三つの波を乗り越えて、将来にわたって国民の生活を守っていくためには、こうした「社会連帯」を常に強めていく努力が、何よりも増して必要となる。それを怠ると、「孤立」が「分断」を招き、さらに、それに人口減少による「縮小」が覆い重なり、最後は、社会が「解体」しかねない。

社会保障という、かけがえのない国民の財産を、今の時代を生きている私たちにとどまらず、これから生まれてくる将来世代へ、しっかりと引き継ぐ。それは、人口減少時代の関頭(かんとう)に立つ私たちの使命であると思う。

おわりに

人口減少は、私たちがこれまで経験したことがないことであり、それが日本の社会、とりわけ社会保障にもたらす影響は、実に広範で、かつ深い。

本書は、そうした社会の変化と社会保障が相互に影響し合う複雑な構造や、人口減少に立ち向かうために社会保障が採るべき政策の基本方向を描くことを目指したものである。本書で触れることができなかった事項もあるが、社会保障が、制度として不変のものではなく、身近に起きている社会の変化に伴って仕組みや内容を変えていくことが可能であり、かつ重要であること、そして、人口減少をめぐる問題は何もこれで終わったわけではなく、私たちが今後行動を起こしていくならば、日本が「孤立と縮小を乗り越える」ことは十分に可能であることをお伝えできたならば幸いである。

この本を書く作業は、これまで自分が歩んできた行政官としての途をもう一度振り返ることでもあった。その中で痛感したのが、いかに多くの人々によって支えられてきたかということである。厚生労働省をはじめ内閣府、内閣官房などの先輩、同僚、後輩、そして、各分野の研究者、地方自治体の関係者、マスコミや企業、関係団体の方々に心から感謝申し上げたい。

本書の執筆にあたっては、統計データの確認や分析などについて厚生労働省保険局調査課長の山内孝一郎氏にご支援をいただいたほか、子育て分野については読売新聞東京本社調査研究本部主任研究員の榊原智子（のりこ）氏や東洋大学教授の伊奈川秀和氏、すまいの分野については国土交通省住宅局長の伊藤明子氏から貴重なご意見をいただいた。また、おひとりおひとりの名前はあげないが、多くの方々から重要なご示唆をいただいた。改めて謝意を表したい。もちろん、本書の内容については、全て私が責任を負っているし、あくまでも個人的見解であることは言うまでもない。

自分として、今後も日本の社会や社会保障の発展に、微力であるが様々な形で尽くしていければと思っている。そうした思いから、一年近く前から本書の執筆に取りかかったが、考えれば考えるほど問題は広範かつ複雑で、思いのほか時間を要した。

そんな私を辛抱強く待ち、かつ、今回のテーマの中で大きな位置を占めている「団塊ジュニア世代」のひとりとして、的確な指摘をしていただいた中央公論新社の田中正敏氏にもお礼を言いたい。

2017年7月

山崎史郎

参考文献

社会保障制度審議会「社会保障制度に関する勧告」一九五〇年
社会保障制度審議会「社会保障体制の再構築（勧告）」一九九五年
介護保険制度史研究会編著『介護保険制度史――基本構想から法施行まで』社会保険研究所、二〇一六年
株式会社NTTデータ「育児と介護のダブルケアの実態に関する調査」内閣府委託調査、二〇一六年
日経連「新時代の「日本的経営」――挑戦すべき方向とその具体策」一九九五年
小塩隆士「セーフティ・ネットから外れる理由と現実」西村周三監修、国立社会保障・人口問題研究所編『日本社会の生活不安――自助・共助・公助の新たなかたち』二〇一二年
NPO法人自殺対策支援センター ライフリンク「自殺実態白書2013」二〇一三年
一般社団法人社会的包摂サポートセンター「よりそいホットライン 平成27年度報告書」二〇一六年
阿部彩「子ども期の貧困が成人後の生活困難（デプリベーション）に与える影響の分析」『季刊社会保障研究』第四六巻第四号、二〇一一年
日下部元雄「9都市のエビデンスで見る若者世代のリスク急増の要因と対策」（平成二五、二七年厚生労働省社会福祉推進事業報告書）オープン・シティー研究所、二〇一六年
道中隆「保護受給層の貧困の様相――保護受給世帯における貧困の固定化と世代的連鎖」『生活経済政策』二〇〇七年八月号、生活経済政策研究所

参考文献

内閣官房社会的包摂推進室等「社会的排除にいたるプロセス――若年ケース・スタディから見る排除の過程」二〇一六年
人口問題審議会編「日本人口の動向――静止人口をめざして」一九七四年
阿藤誠『現代人口学――少子高齢社会の基礎知識』日本評論社、二〇〇〇年
一般財団法人日本再建イニシアティブ『人口蒸発「5000万人国家」日本の衝撃――人口問題民間臨調調査・報告書』新潮社、二〇一五年
河野稠果『人口学への招待――少子・高齢化はどこまで解明されたか』中公新書、二〇〇七年
厚生省大臣官房政策課調査室監修『日本の社会保障の歩み』中央法規出版、一九九七年
隅谷三喜男「社会保障の理論形成」社会保障研究所編『リーディングス日本の社会保障1　総論』有斐閣、一九九二年
平田冨太郎「社会保障の考え方」社会保障研究所編『リーディングス日本の社会保障1　総論』有斐閣、一九九二年
堀勝洋『社会保障・社会福祉の原理・法・政策』ミネルヴァ書房、二〇〇九年
島崎謙治『日本の医療――制度と政策』東京大学出版会、二〇一一年
駒村康平『日本の年金』岩波新書、二〇一四年
権丈善一『医療介護の一体改革と財政――再分配政策の政治経済学Ⅵ』慶應義塾大学出版会、二〇一五年
権丈善一「社会保障制度の財源確保（税・保険）の在り方――子育て支援策を中心として」自由民主党「人生100年時代の制度設計特命委員会」提出資料、二〇一七年

自由民主党「「人生100年時代の制度設計特命委員会」中間とりまとめ」二〇一七年
清家篤、山田篤裕『高齢者就業の経済学』日本経済新聞社、二〇〇四年
大森彌『変化に挑戦する自治体――希望の自治体行政学』第一法規、二〇〇八年
小山進次郎『国民年金法の解説』時事通信社、一九五九年
一般社団法人北海道総合研究調査会「パーソナル・サポート・サービスの評価手法等に関する調査報告書」二〇一三年
宮本太郎、山崎史郎「生活困窮者自立支援法はなぜできたのか」『Social Action』第3号、CLC、二〇一五年
宮本太郎『共生保障――〈支え合い〉の戦略』岩波新書、二〇一七年
猪飼周平「地域包括ケア政策の総括から共生社会へ」『月刊保険診療』二〇一七年六月号
厚生労働省「生活困窮者自立支援のあり方等に関する論点整理のための検討会（第6回）」提出資料、二〇一七年
菊池馨実「厚生労働省「生活困窮者自立支援のあり方等に関する論点整理のための検討会（第3回）」提出資料」二〇一六年
五石敬路、岩間伸之、西岡正次、有田朗編『生活困窮者支援で社会を変える』法律文化社、二〇一七年
筒井淳也『仕事と家族――日本はなぜ働きづらく、産みにくいのか』中公新書、二〇一五年
前田正子『保育園問題――待機児童、保育士不足、建設反対運動』中公新書、二〇一七年
札幌市「札幌市の出生率に係る意識調査」二〇一六年

高橋睦子「妊娠期から就学前の子ども家族と予防的支援――フィンランドの「ネウボラ」を中心に」『世界の児童と母性』Vol.76、資生堂社会福祉事業財団、二〇一四年
OECD, *Trends and Determinants of Fertility Rates in OECD Countries : The Role of Policies*, 2005.
内閣府経済社会総合研究所「フランスとドイツの家庭生活調査――フランスの出生率はなぜ高いのか」二〇〇五年
笹谷春美「フィンランドにおける介護者の確保育成策」『介護者の確保育成策に関する国際比較研究』厚生労働科学研究費補助金政策科学総合研究事業報告書、二〇〇九年
永田祐『住民と創る地域包括ケアシステム――名張式自治とケアをつなぐ総合相談の展開』ミネルヴァ書房、二〇一三年
NPO法人地域ケア政策ネットワーク「住民参画による課題発見型の地域づくり事例集」二〇一七年
株式会社ふるさと回帰総合政策研究所「「全国10万人アンケート」調査結果」二〇〇九年
増田寛也編著『地方消滅――東京一極集中が招く人口急減』中公新書、二〇一四年
総務省「暮らしを支える地域運営組織に関する調査研究事業報告書」二〇一六年
内閣官房「地域の課題解決のための地域運営組織に関する有識者会議報告」二〇一六年
厚生労働省『厚生労働白書（平成18年版、24年版、25年版、26年版、27年版、28年版）』
内閣府『国民生活白書（平成17年版、18年版）』
国土交通省・社会資本整備審議会答申「新たな住宅政策に対応した制度的枠組みについて」二〇一五年
香取照幸『教養としての社会保障』東洋経済新報社、二〇一七年

山崎史郎（やまさき・しろう）

1954年，山口県生まれ．78年に東京大学法学部卒業後，厚生省（現・厚生労働省）入省．厚生省高齢者介護対策本部次長，内閣府政策統括官，内閣総理大臣秘書官，厚生労働省社会・援護局長などを歴任した後，2015年1月から16年6月まで地方創生総括官を務めた．その間，介護保険の立案から施行まで関わったほか，若者雇用対策，生活困窮者支援，少子化対策，地方創生などを担当した．

著書『介護保険制度史――基本構想から法施行まで』（共著，社会保険研究所，2016年）

人口減少と社会保障（じんこうげんしょうとしゃかいほしょう）
中公新書 *2454*

2017年9月25日発行

著　者　山崎史郎
発行者　大橋善光

本文印刷　三晃印刷
カバー印刷　大熊整美堂
製　　本　小泉製本

発行所　中央公論新社
〒100-8152
東京都千代田区大手町 1-7-1
電話　販売 03-5299-1730
　　　編集 03-5299-1830
URL http://www.chuko.co.jp/

Published by CHUOKORON-SHINSHA, INC.
Printed in Japan　ISBN978-4-12-102454-1 C1236

中公新書刊行のことば

いまからちょうど五世紀まえ、グーテンベルクが近代印刷術を発明したとき、書物の大量生産は潜在的可能性を獲得し、いまからちょうど一世紀まえ、世界のおもな文明国で義務教育制度が採用されたとき、書物の大量需要の潜在性が形成された。この二つの潜在性がはげしく現実化したのが現代である。

いまや、書物によって視野を拡大し、変りゆく世界に豊かに対応しようとする強い要求を私たちは抑えることができない。この要求にこたえる義務を、今日の書物は背負っている。だが、その義務は、たんに専門的知識の通俗化をはかることによって果たされるものでもなく、通俗的好奇心にうったえて、いたずらに発行部数の巨大さを誇ることによって果たされるものでもない。現代を真摯に生きようとする読者に、真に知るに価いする知識だけを選びだして提供すること、これが中公新書の最大の目標である。

私たちは、知識として錯覚しているものによってしばしば動かされ、裏切られる。私たちは、作為によってあたえられた知識のうえに生きることがあまりに多く、ゆるぎない事実を通して思索することがあまりにすくない。中公新書が、その一貫した特色として自らに課すものは、この事実のみの持つ無条件の説得力を発揮させることである。現代にあらたな意味を投げかけるべく待機している過去の歴史的事実もまた、中公新書によって数多く発掘されるであろう。

中公新書は、現代を自らの眼で見つめようとする、逞しい知的な読者の活力となることを欲している。

一九六二年一一月

中公新書

社会・生活

中公新書

環境・福祉

r 1

- 348 水と緑と土（改版） 富山和子
- 1156 日本の米—環境と文化はかく作られた 富山和子
- 1752 自然再生 鷲谷いづみ
- 2120 気候変動とエネルギー問題 深井有
- 1648 入門 環境経済学 日引聡 有村俊秀
- 2115 グリーン・エコノミー 吉田文和
- 1743 循環型社会 吉田文和
- 1646 人口減少社会の設計 松谷明彦 藤正巖
- 1498 痴呆性高齢者ケア 小宮英美